大科学家的小故事

爱迪生

卞开悦 编

苏州大学出版社
Soochow University Press

图书在版编目(CIP)数据

爱迪生/卞开悦编. —苏州：苏州大学出版社，2012.6 (2014.9 重印)
(大科学家的小故事/王建成，吴文智主编)
ISBN 978-7-5672-0094-4

Ⅰ.①爱… Ⅱ.①卞… Ⅲ.①爱迪生，T. A.(1847～1931)－生平事迹－青年读物②爱迪生，T. A.(1847～1931)－生平事迹－少年读物 Ⅳ.①K837.126.1－49

中国版本图书馆 CIP 数据核字(2012)第 102698 号

爱迪生

大科学家的小故事

编　　者　卞开悦
丛书策划　李寿春
责任编辑　汪　华
装帧设计　刘　俊
出版发行　苏州大学出版社
地　　址　苏州市十梓街 1 号
邮　　编　215006
电　　话　0512-65225020　65222617(传真)
网　　址　http://www.sudapress.com
印　　刷　南通印刷总厂有限公司
开　　本　850 mm×1 168 mm　1/32　印张 4.75　字数 85 千
版　　次　2012 年 6 月第 1 版　2014 年 9 月第 3 次印刷
书　　号　ISBN 978-7-5672-0094-4
定　　价　9.50 元

序

勒格罗在法布尔的传记《敬畏生命》中写道:“每一个时代总是会有那么一些具有特殊才能的人们,以他们不朽的贡献在人类进步的过程中留下值得纪念的一笔。特别是那些在某些领域里开拓出新的境界的人们,更加值得我们怀念。对于他们这样的人杰,单单只是抱着一种敬仰的态度显然是不够的。如果能够将人们对他们的怀念虔诚地搜集起来,无疑可以对后世起到一种教育和楷模的作用。”

他们生活在不同的年代,奋斗在不同的科研领域,经历过成功的喜悦,也遭受过失败的痛苦,最终,他们的研究促进了人类社会的进步,赢得了历史的认可。因此,在后人的眼中,那些著名科学家往往是传奇般的英雄。他们总是废寝忘食地工作在远离人间烟火的实验室里,做事也是一板一眼,仿佛与风趣幽默沾不上边。

确实,科学是严谨的、深奥的,科学家是寂寞的,和科学家们打交道最多的也是实验室以及实验数据。他们性格不同,背景迥异,却无不具备细致入微的观察力,坚韧不拔的毅力,无比深邃的科学思想,可歌可泣的奉献精神。他们就像神探福尔摩斯一样,在大自然的蛛丝马迹中探寻人类未知的宇宙间的秘密。他们发明和发现的道路如同原始森林中的崎岖小径，一波三折，跌宕起伏，丰富多彩。从书中一个个生动的故事为我们破解了一位位科学巨人成功的奥秘。从这个意义上说，科学家的生活又是迷人的。

牛顿非常勤奋，他一生中的绝大部分时间是在实验室里度过的，他常通宵达旦地做实验，有时一连六个星期都在实验室工作，不分昼夜，直到把实验做完为止。

达尔文从小就喜欢花草树木、鸟雀虫鱼。上学以后，他仍然保持着对大自然的浓厚兴趣。他骑马、打猎、钓鱼、采集矿石、捕捉昆虫、钻进树林观察鸟类的习性。对达尔文来说，整个世界就是一个大问号，要探索、思考的事情实在太多了。

爱迪生从小就对很多事物感到好奇，喜欢亲自去试验，直到明白了其中的道理为止。长大以后，他就根据自己这方面的兴趣，一心一意从事研究和发明。他在新泽西州建立了一个实验室，一生的发明共计两千余种。

居里夫人的大半生都是清贫的，提取镭的艰苦过程是在简陋的条件下完成的。居里夫妇拒绝为他们的任何发现申请专利，为的是让每个人都能自由地利用他们的发现。

一个爱说废话却不用功的青年，整天缠着爱因斯坦，要他公开成功的秘诀。爱因斯坦写了一个公式给他：

$$A = x + y + z$$

爱因斯坦解释道："A 代表成功，x 代表艰苦的劳动，y 代表正确的方法……""z 代表什么？"青年迫不及待地问。"代表少说废话。"爱因斯坦说。

这是一套引人入胜、让读者受益无穷的丛书，在轻松的故事叙述中阐释深刻的哲理，引导青少年步入科学殿堂。丛书不仅介绍了科学家的人格、所处的社会和时代、思想历程，还阐述了科学家的科学发现与技术发明的基本知识及其意义，引导青少年认识科学研究的过程、方法和基本原则。同时，考虑到丛书面向的是青少年读者群，编写者有意跳过那些深奥难懂的技术细节，在对这些大科学家别样人生的讲述中，注重诠释科学精神，展现大家风采，激励读者登攀。

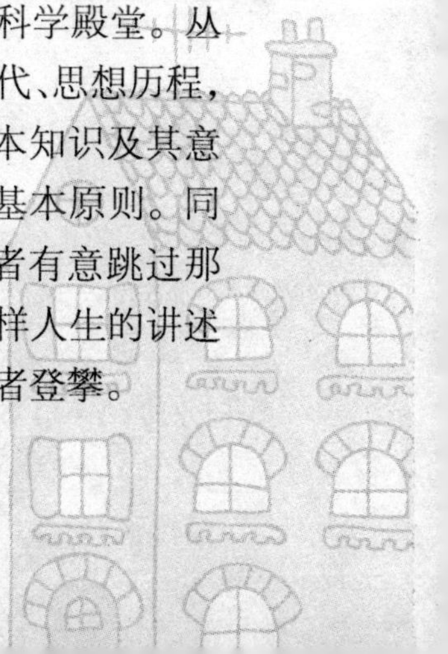

目录 Contents

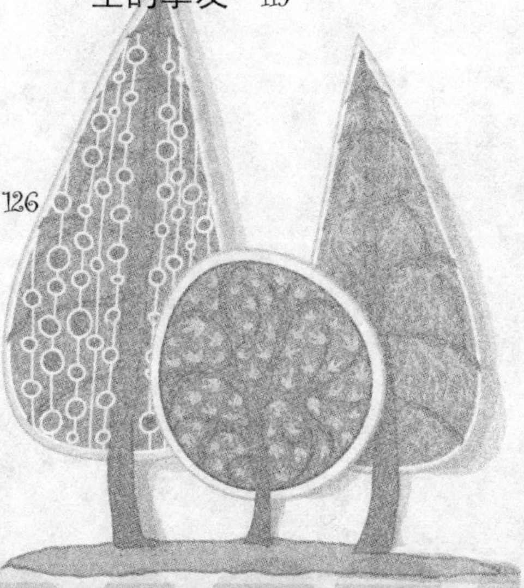

HOLD不住的童年

教育之于心灵,犹雕刻之于大理石。

一个创造未来的人

每当夜幕降临的时候打开电灯，黑夜就变成了白天。有了电灯，尤其是在五光十色的霓虹灯的照耀下，黑夜不再恐怖，相反让我们倍感温馨。请再想一想在其他方面对电的运用——电视、电脑、电动火车、各种各样的工具、小玩意儿……我们能列出很长的一串清单。如今的我们生活在一个“插入插头”的电的世界里。

然而，就在100年前，人们的生活和现在是很不一样的。那时候使用的是蒸汽火车，工厂里使用的是蒸汽引擎，但是却没有“蒸汽光”。当夜幕降临的时候，世界变得非常黑暗。城市里的人们点燃了嘶嘶作响的煤气灯。在农村，只有发臭的油灯和闪烁不定的蜡烛散发出的点点光芒。大多数人在天黑之后很快就上床睡觉了。那时候，人们的日常生活和现在也是不一样的。因为没有电话，人们的生意往来和信息交流都通过写信来进行，人们的休闲方式不过是闲聊、游戏、阅读、唱歌和舞蹈等。在那个时候没有电台，没有录音机，没有电影，也没有电视。爱迪生给这个世界带来了光明，使声音可以被录制下来(也就是录音机),使图片可以活动起来(也就是电影)。对于这些奇妙的东西,今天的我们已经习以为常了。

在他的一生中,一共有两千多项发明和创意。这些发明和创意包括商业辅助设备、投票记录器、电子笔、会讲话的洋娃娃、磁性钢铁探测仪、性能更好的电池、电动火车和汽车,甚至还有直升机和混凝土结构的房屋等。他还建立了第一个发电站,照亮了城市的街道。他使电话投入使用,并且创立了美国最成功的企业——通用电气公司。很多发明家在穷困潦倒中死去,但是爱迪生没有,发明使他变得富裕,也使得他举世闻名。

爱迪生不仅是一个梦想家,而且是一个脚踏实地的工程师。他常常通过改进别人的发明,将创意变成财富。他也失败过,但绝不是因为不够努力而失败。他总是乐观豁达、意志坚决,虽然有时也有些冷酷,但他一直都是在努力工作着的。作为榜样,他激励了无数美国人,他的研究方法在世界各地被摹仿。在许多方面,爱迪生都为人们步入现代化世界作出了贡献。翻开人类历史,可以发现,在科学技术史上有过种种发明或发现的人很多,但是像托马斯·埃尔瓦·爱迪生那样有那么多发明,而且以其漫长的一生,持之以恒、专心致志地为发明奉献生命的，可谓屈指可数。那么，这样一位天才发明家，他是在什么环境中长大的？他的少年时代又具具有什么特点？

"问题少年"小埃尔

1847 年 2 月 11 日，托马斯·埃尔瓦·爱迪生出生于俄亥俄州的米兰市。托马斯是他一个舅舅的名字，埃尔瓦则取自他们家一位老朋友的名字。在童年时，人们都叫他埃尔瓦或小埃尔，而不是托马斯。

爱迪生家族也曾显赫一时。他的父亲(塞缪尔·爱迪生)和曾祖父(约翰·爱迪生)都在政治斗争中遭遇失败而流亡他乡。

事实上，当埃尔瓦出生时，他的父亲定居美国才不过 10 年。1837 年，因为参加的那场反对英国统治的暴动惨遭失败，塞缪尔·爱迪生被迫逃离加拿大。从皇家民兵队逃走后，塞缪尔越过边境来到了位于美国的密歇根州，侥幸逃过一劫。几个月后，他来到北部的俄亥俄州，在距伊利湖南岸 10 英里(约 10.6 千米)的运河城市——米兰安顿下来。

塞缪尔的祖父约翰·爱迪生(他喜欢将他的姓写成 Edeson)出生于荷兰。有意思的是，数十年前正是因为他的亲英情结，才被迫举家迁入了加拿大。那时他是英国殖民地新泽西的一个富有的地主。当1775年美国独立革命爆发时,他依然效忠于英国国王。由于为英国人通风报信,他被抓了起来并被关进了监狱。如果不是他的妻子为他四处奔走,又有在大陆军队中的亲戚的帮助,他早就被送上绞刑架了。战争结束后,约翰的财产被没收,他们举家搬到了边界以北的地方。

当约翰·爱迪生一家在加拿大住了六十多年后,塞缪尔·爱迪生独自一人被流放到了他祖父曾被迫离开的地方。但幸运的是,塞缪尔不仅精通木匠手艺,还具有企业家的经营头脑。很快,他就以木材商和店牌制作商的身份在米兰站稳了脚。1839年,他设法让妻子南希带着4个孩子——马里恩、威廉·皮特、哈丽特和卡莱尔——从加拿大赶来与他团聚。那时他和南希结婚已有11个年头。他在山坡上为家人盖了一幢有7个房间的红色砖瓦房,温暖舒适。从房间的窗户望下去,能看见米兰运河。

3英里(约4 828米)长的米兰运河连接着米兰与休伦河,而休伦河最终流入伊利湖。自1825年纽约成功开凿伊利运河以来,国家运河工程在美国日益繁荣。塞缪尔刚到米兰时,作为这个工程一部分的米兰运河还在开凿中。这些运河促进了这个年轻的国家偏远的内陆地区与外界的相互运输，这非常有助于外来移民和贸易的发展。尽管米兰运河是其中较短的一条，但仍旧促进了该地区的繁荣发展。在同等海拔的地区中，俄亥俄作为一个谷物港口，其繁荣程度仅次于俄罗斯的敖德萨。这里每天有数百辆满载谷物的马车来往穿行，巨大的轮船和驳船载着这些谷物驶向五大湖区。随着米兰的繁荣，塞缪尔·爱迪生的事业也蒸蒸日上。

然而，家庭悲剧使塞缪尔未能成为一位成功的米兰商人。1841 年，6 岁的卡莱尔永远离开了他的父母。1842 年，3 岁的塞缪尔夭折，紧接着，1846 年，同样 3 岁的伊丽莎又离开了人世。1847 年，一个下着雪的清晨，夫妇俩的第七个孩子托马斯·埃尔瓦·爱迪生提早出生了。他是家里最小的孩子。可以想象得出，这个家庭洋溢着怎样的喜悦。由于婴儿的头大得超乎寻常，村里的医生怀疑他可能患上了脑膜炎。尽管呼吸系统的疾病和耳痛伴随着埃尔瓦的童年，但幸运的是医生的担心并不是真的。

虽然体弱多病，埃尔瓦仍是个活跃的孩子，对周围的世界充满了好奇。小埃尔在米兰的轶事传说有很多。有人说他是一个与众不同的孩子。首先，小家伙出生以后几乎从来不哭，总是笑。灰色的眼睛亮晶晶的，看起来很聪明，不过头显得特别大，身体很孱弱，看上去弱不禁风。他常对一些物体感兴趣，然后试图用手去抓。他的眼睛活动起来，就像成年人思考问题时一样。他一学会走路，就无需他人的帮助。这孩子的头发稀少，经常竖起来，一点也不服帖，长得很难看。父亲看了不舒服，就替他理了发，结果反而更难看，母亲也皱起了眉头。3 岁时，小埃尔就会像一个大人思考问题时所做的那样，用手指理他的头发。不仅如此，小埃尔还喜欢问东问西。“小埃尔比一般孩子更为好奇，并且有一种将别人告诉他的事情付诸实践的本能，以及两倍于他人的精力和创造精神。”就人们的记忆所及，他学说话好像就是为了问问题似的。他提出的一些问题虽然不重要，但不容易回答。由于他问的问题太多，他家的大多数成员甚至都不想回答，但是，他的母亲总是试图帮助他。一次，小埃尔问父亲：“为什么刮风？”父亲回答：“小埃尔，我不知道。”小埃尔又问：“你为什么不知道？”

由于小埃尔对许多事情感兴趣，他经常碰到危险。一次，他到储麦子的房子里，不小心一头栽到麦囤里，他的脑袋被麦子埋住了，动也不能动。他差一点死去，幸亏被人及时发现，抓住他的脚把他拉了出来。还有一次，他掉进水里，结果像落汤鸡一样被人拉了上来，他自己也受惊不小。4 岁那年，小埃尔想看看篱笆上的野蜂窝里有什么奥秘，就用一根树枝去捅,结果脸被野蜂蜇得红肿,几乎连眼睛都睁不开了。

小埃尔经常到塞缪尔·温切斯特(Sam Winchester)的碾坊去玩。一天,他到温切斯特的碾坊,看见温切斯特正在用一个气球做飞行装置试验,这个试验使小埃尔着了迷。他想,要是人的肚子里充满了气,一定会升上天,那该多美啊!几天以后,他把几个化学制品放在一起,叫他父亲的一个佣工迈克尔·奥茨(Michael Oates)吃化学制品后飞行。奥茨吃了小埃尔配制的化学制品后几乎昏厥过去。小埃尔似乎认为奥茨飞不起来是奥茨的失败,不是他小埃尔的失败。

这次事件不仅使小埃尔的父母感到头痛,同时也震惊了附近孩子的父母,他们纷纷警告自己的孩子:“不要和小埃尔玩!”小埃尔的母亲南希·爱迪生受过良好的教育,是个虔诚的教徒。她总得为身体虚弱又爱四处闯祸的埃尔瓦提心吊胆。每次埃尔瓦闯了祸,她就会从家里那座大钟后面拿出一根细棍,向孩子的屁股挥去,希望能借此约束埃尔瓦,但是这招很少奏效。6 岁时,他在父亲的谷仓里放了一把火,大火很快吞噬了木质结构的谷仓,而年幼的埃尔瓦跌跌撞撞地逃了出来。事后他对此解释说:“只是想看看会有什么样的事发生。”以好脾气著称的塞缪尔·爱迪生把孩子揪到镇子的广场上,在一大群人面前狠狠地揍了他一顿。

而几乎同时发生的一件事却是以悲剧收场的。那天，爱迪生和一个小伙伴去市郊的一个小溪游泳。那个孩子游得并不好，后来就"消失在溪流中了"。埃尔瓦不知如何是好。事后他回忆道："我一直在附近等他出来，但是天渐渐黑了，我不能再等下去了，就回了家。"埃尔瓦清醒过来后，觉得小伙伴的消失很奇怪，就把发生的事告诉了大人们。后来，人们在小溪中找到了那个被淹死的孩子的尸体。

这样的事数不胜数。每次埃尔瓦都会遭到一顿责骂。但是这并没有打消埃尔瓦的好奇心。他总是有很多问题，无论人们告诉他什么，他总要设法去验证。有一次，他问母亲为什么鹅要坐在自己下的蛋上面，母亲说："孵蛋呀。"就为这一句话，埃尔瓦来到邻居的谷仓，抱着一些鹅蛋和鸡蛋蜷缩在那里，准备自己孵蛋。

小埃尔 7 岁的时候，发生了一件对他的发展有较大影响的事。1854 年，伊利湖南岸沿湖铁路通车，使得米兰运河的商船生意大减，并使生意的内容也开始发生变化。父亲的屋瓦生意已没有办法再维持下去，因此他们的生活日渐困苦。为了另谋发展，小埃尔一家再度迁居了，可是这次并不是用帆船、牛车。他们乘火车到底特律后，第二天早晨就上了"鲁比号"航船。他们沿圣克莱尔湖岸绕行了一日，而后便溯着圣克莱尔河一直向上驶去。两岸所经处尽是浓林僻野兽类出没的场所。

孩子们一会儿跑上甲板，一会儿又窜进船舱，注视着两岸的风景。他们遇见印第安人驾驶的独木船或是装满木材的白底船时，便都欣喜不已。

他们在密歇根州休伦北郊的格拉蒂奥特堡定居下来。搬到这里后不久，小埃尔就患了猩红热，病了很长时间。后来，小埃尔的耳朵就听不太清别人讲话了，人们认为这种疾病是造成他耳聋的一个原因。

小埃尔的家建在松林中的高地上，能看到从休伦湖流出的圣克莱尔河。这幢房屋有十几个房间，后面有马房，单个建筑用地就有 4 万平方米，另外有 40 万平方米的果树园。塞缪尔在这里经营制材和小麦买卖，也种植蔬菜。他把蔬菜和果园里生产的水果一起卖到市场，生意做得很大。虽然不再是米兰的富商，但维持一家人的生活绰绰有余。这地方山明水秀，风景优美。塞缪尔还计划在家里的高地上造一座塔，供人们观赏湖光山色，每人收费 25 美分。这座塔建好以后，就在车站张贴广告。塔高约 30 米，立在塔上可以远眺那蔚蓝的休伦湖的水天一色渐渐地向南消失去。湖中不断有汽轮、高桅船和各式各样的船只来往着，因此景色瞬息万变。

前来参观的人，每天多到需要排队。小埃尔成为这个塔的小管理员，向每位参观的人收费。在参观客人多的时候，每天可以达到600人，所以小埃尔非常忙碌。过了一些日子，参观的人数一天天地减少，小埃尔觉得无聊。他对爸爸说："爸爸，25美分太贵了，如果减价也许又会有人来参观。"塞缪尔采纳了小埃尔的建议，将收费减到10美分，可是参观的人还是不多。小埃尔又想出了一个办法。他说："爸爸，在塔顶上装个望远镜怎么样？"爸爸说："好主意！"这座塔很快就装置了望远镜，可是参观的人数，仍然没有增加。这样，这座塔的生意也就无法再做下去了。小埃尔变得无事可做。

不过，在管理这座塔的时候，他对工作产生了兴趣。小埃尔对父母亲这样说："我想到镇上去卖菜。"父母起初不同意，由于小埃尔再三向父母作出承诺，表示愿意吃苦，一定要干到底，双亲也就答应了。小埃尔用车子载着家里种的菜到镇上去卖。大家都对小埃尔很友善。胡萝卜、马铃薯、高丽菜的销路特别好。小埃尔为人诚实，不好的东西不卖出去，价钱一般也比别人的便宜。过了些时日，小埃尔又从别的农家手里买进水果去转卖。生意越来越兴隆，小埃尔自己一个人忙不过来，便雇了一位少年来帮忙。小埃尔做卖菜生意，一年多就赚了五百多元。

最伟大的老师——母亲

8 岁时，小埃尔第一次走进了学校。他的父母先是让他在乔治·B. 恩格尔牧师开的一家私立学校学习，然后转到了休伦港公立学校。这些学校只是让学生死记硬背课堂上的东西，这种教育方式对像埃尔瓦·爱迪生那样充满好奇心的梦想家来说，是毫无吸引力的。老师不能理解他，而他又天生爱惹麻烦，这使事情变得更糟。在一次恶作剧中，他和一位同学把一根带钩子的绳子从学校二楼的窗户中垂下，就这样他们钓到了一只小鸡，并试图把这个倒霉的小家伙拉上来，结果遭到了校长的一顿痛打。而这只是他诸多恶作剧中的一件。

若不是发生了一件事，埃尔瓦不会仅仅在学校只待了几个月。一天，他无意中听到有位老师说他是个“傻瓜”、“低能儿”。他难过地跑回家，把这话告诉了母亲。后来，甚至老师还把小埃尔母亲找来，对她说：“埃尔瓦这孩子一点都不用功，还老是提一些可笑的问题。比如昨天上算术课时，他居然问我二加二为什么等于四,你看这是不是太可笑了?我看这孩子实在太笨,留在学校里也只会妨害别的学生,还是别上学了吧。”母亲非常生气地说:“我认为埃尔瓦比同龄的大多数孩子聪明,我将亲自教我的埃尔瓦,他再也不会来到这里!”

当她携着小埃尔走出校门时,觉得一阵心酸,不觉掉下泪来。她始终不承认自己的孩子是低能儿,因为这时她正做女子学校的教师,是一个富有教育经验的人。据她平日留心观察,小埃尔不但不是低能儿,而且时时表现得非常优秀。在受了这种刺激以后,母亲决心全力教育小埃尔。

回到家后,母亲问:“老师说你是低能儿,你感到可耻吗?”小埃尔回答:“不感到可耻,但觉得后悔。”他接着又说:“可是我要知道的事,老师一点儿都不教我,我不要知道的事,偏偏又教我。”母亲接过他的话说:“是呀!老师说你是低能儿,我不以为然。从明天起,你不要到学校里去了。妈妈今天在老师面前已发过誓了,学校里当你低能儿,无法教育,我自己在家里好好地教育你。埃尔瓦,我今天也应该和你立一个誓。妈妈已下定决心,无论如何都要使你成为世界上最棒的人,你能不能发这个誓呢?”小埃尔说:“母亲,我愿意发这个誓,我一定要做番大事业,一定要成长为一个最棒的人。”

小埃尔眼中充满了泪水,母亲紧紧地抱住他,母子俩脸上都闪烁着泪光,两人的心紧紧贴在一起。在管教孩子方面,南希也许同埃尔瓦其他任何一位老师一样严格,但是她所制订的课程却更能激发孩子的创造力。她念了大量的书给埃尔瓦听,从狄更斯的小说到莎士比亚的戏剧,从爱德华·吉本的《罗马帝国衰亡史》到休谟的《英国史》,无所不包。同时她也鼓励埃尔瓦自己阅读。埃尔瓦对其中一本书尤为着迷,那就是理查德·格林·帕克编写的初级科学读物《自然和实验哲学纲要》。书里讲述了许多埃尔瓦可以自己动手操作的简单实验。没过多久,埃尔瓦就开始尝试书里所有的实验了。

对小埃尔而言,科学和书本要比侍弄父亲菜园里的蔬菜并拿去卖之类的家务杂事有意思得多。他把零花钱全都用来向当地一位药铺老板购买化学药剂了。起先他在自己的卧室里做实验,但是那些瓶瓶罐罐把房间弄得一团糟,在父母的坚持下,他搬到了地下室,在他的“小王国”里尽情遨游。

底特律“小报童”

如果你希望成功，当以恒心为良友，以经验为参谋，以当心为兄弟，以希望为哨兵。

火车上的化学实验室

1859年，小埃尔已12岁。这一年大干线铁路部分通车。该线从缅因州的波特兰起，至圣克莱尔河东岸的萨尼亚止。在河的西岸，开辟了连接萨尼亚与休伦港的轮渡；与此同时，又开辟了从休伦港到底特律的南北单线。铁路为小埃尔提供了机会。他听说从底特律到休伦港的新铁路线上需要一个男孩在火车上卖水果和饼子，铁路上不付任何报酬，但规定可以用很少的钱买下食品，然后在火车上再以高一点的价钱卖出。小埃尔要求得到这份工作，但母亲表示反对。她担心小埃尔在底特律等火车时会遇见坏人，甚至想到了那些可能发生的可怕事情——火车失去控制相撞、翻车等。经过和母亲的讨价还价、起誓保证，小埃尔终于在从休伦港驶往底特律的早班列车上当起了报童，主要向乘客兜售零食和报纸。后来，爱迪生对在主干线铁路上的这份工作充满怀念，认为这是他"一生中最幸福的时光"。

小埃尔每天清晨6点起床，赶着一辆马车去车站。火车7:15准时离站，他必须在此之前上火车。火车"喘着粗气"

驶往底特律,沿途会在一些城镇停靠。小埃尔则拎着一个装满货品的篮子在火车的 3 节车厢中穿行。“报纸！苹果！三明治!”他向挤在木长椅上的乘客们叫卖,“糖果！花生!”

4 个小时后,火车抵达底特律。火车于傍晚时分返回休伦港,而小埃尔则继续做他的小生意。等到他能上床睡觉时通常都已近深夜 11 点了。

就这样,小埃尔每天都会在底特律作短时间停留,这拓展了他的眼界。底特律是一个拥有约 50 000 人的城市,充满活力,是一个重要的船运和工业中心。小埃尔很喜欢去那里的机床店参观,喜欢看火车在车站调头。他最喜欢逗留的地方之一是火车站的电报室。在那里,他充满兴趣地看着电报员向其他车站发出火车运行情况的信号,百看不厌。

底特律还培养了他对化学的热爱。底特律的一个重要工业就是生产化学品和药品。因此,小埃尔可以很容易地添补家里的那些瓶瓶罐罐。没过多久,他决定把实验室搬到火车上。在得到列车长亚历山大·史蒂文森的同意后,他把那些化学药剂摆放到了火车行李厢中一个废弃的角落里。从此,工作之余,他就完全沉浸在他的实验里。

但是很不幸,他的移动实验室突然发生了意外。一些磷棒意外地暴露在空气中,因此发生自燃,并烧着了行李车厢的地板。在灭火时，史蒂文森的手指被烧坏了。从那时起，他禁止埃尔瓦在火车上建立自己的实验室。

这件事成为了爱迪生诸多传奇中最为人们津津乐道的事情之一。有人说，因为这个事故，史蒂文森一巴掌打在了埃尔瓦的耳朵上，由此导致他部分失聪。爱迪生本人认为这种说法是不负责任的。他说他的耳聋是更早些的时候由于火车上的一次事故造成的。那天，为了招待一些买报纸的人，火车开动时他还在站台上。当他向火车奔跑过去时，史蒂文森发现了他，一把抓住了他的耳朵，然后连拽带拉地把他拖到了火车上。爱迪生事后回忆道："那时，我觉得耳朵里有什么被撕裂了。从那以后，我就聋了。"

无论怎样，爱迪生耳聋的罪魁祸首并不是他与列车长的暴力冲突。长期以来，他的耳朵一直发炎，后来又患过一次猩红热，这些可能才是他失聪的真正原因。总而言之，当他开始在主干线铁路上工作时可能就有耳聋的迹象了。后来他曾在日记中痛苦地抱怨说："12 岁以后我就再也没有听到过鸟儿的歌唱了。"

听力问题使小埃尔越来越沉迷于书籍的世界。雨果的《悲惨世界》是他最喜欢的著作之一，有前科的冉阿让在那个残酷无情的社会中奋斗的故事深深吸引了生性浪漫的他。托马斯·潘恩的《理性时代》则在他心中产生了更大的反响。这本书是他思想开通的父亲向他推荐的。潘恩的书提出了一些激进的想法，这使小埃尔激动不已。尽管潘恩对上帝的存在表示肯定，但他批评了传统的宗教信仰和教育方式。他认为教堂仅仅是“人类的一种发明，是一个用来恐吓和奴役人的地方”，他说：“整个世界都是我的祖国，为善就是我的信仰。”

潘恩的话在小埃尔的心里引起了共鸣，使他对有组织的宗教产生了越来越多的怀疑。他的妈妈是个虔诚的信徒，当看到儿子不再陪她去教堂后，她感到非常伤心。但是面对孩子日益增长的独立意识，她无能为力。

15 岁的时候，小埃尔加入了底特律的年轻男子社团，开始频频光顾社团的图书馆和阅览室。他后来曾夸口说他读完了图书馆里所有的书，这有些言过其实了。1905 年，他曾向一位朋友说过，“读完图书馆里所有的书”只是他的目标而已，在硬着头皮看完“约十本异常枯燥的书”之后，他放弃了这一想法。

在他好不容易看完的那些他并不喜欢的书中，有一本是牛顿的重要理论著作——《自然哲学的数学法则》。就是这本书奠定了现代科学的理论基础。但不幸的是，爱迪生从这本书中得到的唯一收获就是“对数学的厌恶，一生都未能改变的厌恶”。

他较为喜欢的一本书是安德鲁·乌尔的《艺术、制造业和创作的源泉》。这本书轻视科学理论，提倡现实意义。乌尔对那些“投机科学家们”冷嘲热讽，认为只有那些艺术家和工程师们才是社会进步的真正缔造者。乌尔的话一直在小埃尔耳边回荡，现实意义就是指要制造出有用的东西来，这成为爱迪生发明的最大特点。

成功的小商人

小埃尔用业余时间读书，做实验，这使他才智敏锐；而在火车上工作这段经历也使他日益具有商人的头脑。他这份兜售报纸、糖果和水果的工作做得相当成功，在朋友的帮助下，他扩大了经营范围，加上了他父亲菜园中的产品。爱迪生记得：“在火车上干了几个月后，我就在休伦港开了两家店铺，一家卖报纸期刊，一家出售果酱和时令果蔬。我还有两个合伙人，我们3人分享所得利润。”

他的经商天赋也在其他方面展示了出来。就在那场导致流动实验室关门的大火之后，他将行李车厢的那个空间又派上了另外一个用场。他弄来了一台印刷机和一台破旧的打字机，开始办报纸。这份叫《主干线先驱报》的周报主要报道的是底特律至休伦港这条铁路线上发生的事，每份售价3美分。由于打字使他筋疲力尽，因此，《主干线先驱报》仅出版了几期就停刊了。

但是小埃尔并没有放弃这一想法。他转而向一位在《休伦港商业报》工作的熟人威尔·怀特求助。小埃尔想出版一种新的读物，由怀特来负责印刷，这样他就不必为新报纸的新闻撰写和编辑投入太多精力了。这份名叫《好事者保罗》的报纸以花边新闻和社会新闻为主。该报纸曾刊登过一篇报道，大大激怒了休伦港的一位医生，以致他扬言要把小埃尔扔到圣克莱尔河中去。年轻的爱迪生便认为新闻原来也并不是一个太具吸引力的职业。

尽管他自己的印刷事业持续时间不长，但是还是通过叫卖其他人的报纸而逐渐富有起来。1861 年，内战爆发。随着战争的发展，人们都迫切想知道有关战争的新闻。4 月 6 日，小埃尔到《底特律自由报》报社拿报纸时，看到一大群焦虑不安的人在打听有关在田纳西州正在进行的那场战役的只言片语，这就是“夏伊洛战役”。早些时候有报道说这场战役已造成数万人伤亡。

他突然有了一个主意。他知道那场战役将成为当天的重要新闻，于是他奔回火车站，与电报员达成了一项交易：他向电报员许诺提供免费的报纸和杂志，而电报员将向通往休伦港沿途停靠的各站提供有关夏伊洛战役的公报。然后，根据小埃尔的建议，各站站长将把这些报道写在通常用来公布火车时刻表的公告栏里。

接着他又来到了《自由报》报社，说服编辑斯多利赊给他1 000份报纸。那天晚上，无论火车在哪个站台停靠，都会有一大群人等在那里购买他的报纸。在停靠的第一个站台，小埃尔将报纸的售价定为每份5美分。当火车抵达休伦港站时，售价已高达每份15美分了。那天，所有报纸全部售罄。

1862年春天，作为一个年仅十几岁的商人，他获得了前所未有的成功。

这次成功固然是他的聪明才智发挥了作用，但是电报的力量也给他留下了极为深刻的印象。这个在19世纪30年代由莫斯发明的奇妙设备使通信方式发生了翻天覆地的变化。电流的神奇力量使消息可以在200英里（约321.869千米）的范围内即时传递。这种技术一直深深吸引着小埃尔。他开始认真考虑要成为一名电报员了。

早在小埃尔到主干线铁路工作之前，他就已经开始摆弄一些湿电池和一台自己做的原始的电报机了。每天去看火车站的电报员工作使他的兴趣日益浓厚。但是他需要有人来教他怎样发报。

电报员的职业生涯

失败也是我需要的，它和成功对我一样有价值。只有在我知道一切做不好的方法以后，我才知道做好一件工作的方法是什么。

天赐良机

很快，一次事件给了埃尔瓦机会。1862 年 8 月的一个早晨，埃尔瓦在大干线铁路上卖报时，突然发现一个 3 岁的孩子正站在铁道中央抛石头玩，此刻他后面有节货车在向他驶来，这孩子完全不知道自己处于险境。埃尔瓦见状，奋不顾身冲上去救出了孩子，两人都头朝下摔到了尖锐的碎石上。他们摔得那样狠，以致碎石末都嵌进了肉里。这个孩子叫吉米，父亲名叫麦肯齐（J. U. Mackenzie），是克莱门斯山火车站站长。为了表示感激之情，他邀请小爱迪生到他的家里，对他说："埃尔瓦，你救了我的孩子，我要好好报答你。我看你好像对发电报的机器很有兴趣，所以我传授你电报技术吧。"埃尔瓦很高兴，回答说："救命之恩我是不敢当，我只不过是做我应该做的事而已。你要教我电报的技术，我实在是很高兴，先谢谢你了。"

电报业的发展突飞猛进。19 世纪中叶，随着铁路的发展，电报所覆盖的范围也越来越大。电报员密切关注火车的运行情况，并将这些信息分程传递给沿途各站。就这样，电报使铁路运行更安全、更高效。随着铁轨向全国各地的延伸，架在铁路沿线柱子上的电线也越拉越远了。

电报也使人们的日常生活发生了翻天覆地的变化。新闻报纸用它来传递很远地方的突发事件的报道。在东部的金融中心，电报也成了一种必不可少的工具，因为抢占商机就意味着收获金钱。在内战中，电报为双方的军事行动提供了无以估量的帮助。

事实上，当埃尔瓦开始学习电报时，已有数百位熟练的电报员在军队中服役了，这导致民用电报员岗位产生空缺，因此埃尔瓦知道他可以很容易就找到一份工作。但是他首先必须向麦肯齐学习复杂的电报和莫斯码。

发电报时，电报员要轻轻敲击一根小小的像杠杆一样的东西，或者说是一个按键。这个东西与一个电路相连，按下按键，电路就会被接通；松开按键，电路就被切断。就这样，电流的短小信号单位就通过电线传到了另一个车站的接收员那里。随着电报员在传输按键上敲击，电流流到接收员的电磁石——一个四周被绕上电线的铁棒上，产生一个小型磁场。磁力激活了一个声音装置，产生滴答声。就这样，电报员可以将这些滴答声分程传递。

如果没有莫斯独创的电码，这些信号是毫无意义的。莫斯电码由点和线组成。(在电报中,滴答声之间的短促中断用点来表示,较长时间的中断用线来表示。)每个字母有其特定的点线表示法。字母“A”是1个点,后接1条横线;“B”是3个点,后接1条横线;“C”用线—点—线—点来表示;等等。有了莫斯电码,嘀嗒声就有了意义,通信才成为了可能。

爱迪生时代的电报员在收发信息时必须做到快速而精确。一位优秀的电报员一分钟内可以处理40~50个单词。接受消息就更需要一双好耳朵了。电报员要分辨滴答声,然后用铅笔写下单词。爱迪生的听力问题理应会妨碍他成为一名电报员的,但是,他说他的听力问题却帮了他。他可以听到滴答声,却听不到其中容易让人分散注意力的嘈杂声。

麦肯齐对埃尔瓦进行了5个月的培训,在此期间埃尔瓦依然在做小贩的工作,只是改在克莱门斯山站下车了——他每天在那里上课。埃尔瓦跟麦肯齐学习发电报时,麦肯齐已经在教另一个孩子了,于是两个年轻人相互发消息来进行联系。埃尔瓦还自己组装了一台发报机,这样,他在返回休伦港后就可以继续与伙伴联系了。他还连了一根1英里(1 609.344米)长的线到他的朋友吉姆家里,教给他从麦肯齐那里学来的东西。

流浪的电报员

1863年夏天，在培训结束后，埃尔瓦在休伦港找到了一份电报员的兼职工作。托马斯·沃尔克珠宝店的一角兼做该市的电报局，埃尔瓦就在那里工作。不收发电报时，埃尔瓦就会翻看沃尔克店中过期的《科学美国人》，继续他的科学探索。一天，珠宝店里发出了巨大的爆炸声——埃尔瓦的化学实验出错了。就这样，椅子还没坐暖，他就被解雇了。这是他第一份电报员的工作。

在接下来的4年中，他有很多机会成为一名电报员。作为一名“流浪电报员”，年轻的爱迪生不停地换着工作。这种吉普赛人似的生活使他去过很多地方，例如加拿大的斯特拉特福德、安大略省，密歇根州的艾德里安，印第安纳州的印第安纳波利斯，俄亥俄州的托莱多、辛辛那提，田纳西州的孟菲斯，肯塔基州的路易斯维尔，路易斯安纳州的新奥尔良。

这样的生活也许算不上丰富多彩，却充满传奇色彩。电报局通常很小，且脏乱不堪，但是电报员必须在那里进行长时间的工作。他们住在破旧的寄宿公寓，喝威士忌、抽烟、在一起交流低级的故事是他们业余时间最喜欢做的事。埃尔瓦不可避免地沾染了许多恶习。但是他的身体状况却不允许他喝酒,因为一杯酒就可以让他呼呼大睡。

在他电报员的生涯中,埃尔瓦结识了几位以后一直保持着联系的朋友。但是总体上来说,他与其他的电报员相处得并不太好。比如,他喜欢恶作剧,而与他共事的人就成了被捉弄的对象。一次,在辛辛那提,他将一个伦可夫感应线圈(一种用以增加电池电压的设备)接上电线,并将电线的一端放在铁路员工使用的一个水槽中。埃尔瓦想,如果有人在水槽中洗手,却毫无准备地被电击一下,那简直是太有趣了。好在人们及时发现了这个恶作剧,才阻止了这件"有趣的"事情的发生,当然,只有埃尔瓦觉得这样的事是有趣的。

埃尔瓦与上司的关系也不那么融洽。他经常因为工作漫不经心或失误而频频被解雇。在斯特拉特福德时,由于他的失误,导致了一场小的火车事故。面对将要到来的惩罚,他首先逃到了美国边境,就像他父亲 25 年前做的那样。几年后,当他在路易斯维尔电报局做实验时,不慎将一瓶电池硫酸打翻到地板上,硫酸将地板腐蚀穿了,毁坏了楼下的家具和地毯。老板立即让他走人,告诉他公司"需要的是电报员,而不是实验者"。

面对这样频繁地被解雇，埃尔瓦从容冷静。事实上，他这种流浪的生活在电报员中是很典型的。他们会为了一些奇思怪想而四处流浪，勇敢面对那不可预知的世界。那时，埃尔瓦正在认真考虑是否要去巴西寻找新的机会。但他很快改变了主意：他的两个熟人在去巴西的途中，患上黄热病，死在了墨西哥一个港口。

对爱迪生那样一个一刻都安静不下来，而且充满想象力的人来说，电报员的工作简直是沉闷透了。因此，他总是会利用自己的聪明才智使工作变得简单些。例如，在斯特拉特福德工作时，他上的是晚班，那个时段只有两列火车经过。这份工作非常单调乏味，他的一个主要任务就是每小时向总局发一条电报信号以表示他在岗位上而且没有睡着。为了可以打几个盹，他设计了一个像钟一样的器具，并把它装配在电报按键上。这样，他就不用每小时醒来发信号了。

改良发报机

埃尔瓦在印第安纳波利斯发明了一个更具独创性的器具。那时他依然是一个不熟练的电报员，在接收消息时表现也不算优秀。在杂乱无章的办公室里，他发现了一台废置的老式莫斯码记录器。这个工具简直是一个老古董了，那时信号还不能以声音的形式传递，当记录器接受了点和线的信号后，记录器上的针头就会将这些点和线凸印在一张纸上。埃尔瓦设法使这张纸条通过第二台机器，而他可以调整这台机器的播放速度。这样，如果一条消息来得太快而让他无法处理的话，他可以录下这条消息，然后以较慢的速度回放。

这个工具使他的抄本极为精确，而且可信度很高。他的手稿总是“干净漂亮”，因此也总是会被悬挂起来供人欣赏。老板对埃尔瓦的表现感到惊奇，丝毫不知道他的小把戏。不幸的是，一天晚上，在一场总统选举中，消息以“极快的速度蜂拥而至，我们整整迟了两个小时”。他的小把戏被发现了，老板不允许他再使用这种“自动重复器”，因为它会减慢工作速度。

在孟菲斯，埃尔瓦开始将这台机器用作其他用途。在那时，电报通信业务因受传送距离的限制而发展很慢。在超过200英里(约321.869千米)的距离限制后，就必须有一个中间站，电报员必须将这些信息记录下来，然后传向下一站。这种传送方式速度很慢，而且会造成很多的人为产生的错误——因为中转同一条消息的人越多，错误就越是不可避免。埃尔瓦试图用他的“重复器”来解决这一问题。在记录下消息后，他就会将纸条输入另一条线路的接收器中。这样，信息就可以通过机械的途径进行传递，而且不会有任何失误。

但是事与愿违，埃尔瓦不仅没有因为这种创新而受到表扬，反而被解雇了。有人说，孟菲斯电报局局长也一直想解决这一问题，但迟迟想不出方法来，年轻的埃尔瓦一来就轻而易举地解决了这个难题，这使他感到在下属面前丢了面子。因此他十分愤怒，便将埃尔瓦扫地出门了。

另一种说法是，那时爱迪生将大部分精力放在发明一种改进型电报机上，以求可以同时在一条电线中将两条消息传送到不同的地方。他的老板对他花如此多的时间在这上面感到非常不满。然而爱迪生意识到，如果这台机器的发明获得成功，那将是一个重大的突破，电报公司的信息处理量将翻上一番。不过他的老板却认为这简直就是异想天开。他对埃尔瓦说：“白痴都明白一根电线是不可能同时向两个方向传送信息的。”

这句话爱迪生在未来几年中频频听到。他不仅要面对发明过程中的各种困难,还要面对一群好事者的冷嘲热讽,这些人认为他在做一件不可能完成的事。幸运的是,他只相信他的直觉,对这些话不屑一顾。

尽管常与老板发生冲突,爱迪生最终还是成为了一名一流的电报员。在那个年代,电报员每月125美元的收入算是很不错的了。但是,由于爱迪生大部分的收入都用来购买实验设备,因此常常捉襟见肘,不得不借钱度日。他越来越发现自己的心思并不在电报上。他想成为一名发明家。

他曾在1866年年底去过一次马萨诸塞州的波士顿,此行更激发了他的发明欲望。在另一位电报员塞缪尔·洛普斯的帮助下,他发明了一种设备——可以在一张纸条上用常规字母打印出电报内容的打印机。最后,洛普斯将这种设备带去了波士顿。而这种电报机也引起了两位商人的注意。埃尔瓦继洛普斯之后来到了波士顿。1867年1月1日,埃尔瓦签订了一份合约,正式生产这种电报打印机。而他的薪水为每月250美元。

埃尔瓦是否拿到了这些钱,人们还不清楚。但是,这至少说明有人愿意购买他的发明。也许他可以以此为生了。

西方联众一流的电报员

1867年秋天，埃尔瓦回到了休伦港的家中。这个家被不幸的黑云笼罩着。他的母亲饱受悲伤和焦虑的折磨。到1867年为止，南希已经失去了4个孩子——埃尔瓦的姐姐哈利特4年前就死了。他的哥哥皮特仍然生活在休伦港，那时已经37岁了，却显示不出任何工作或经商的天分。南希害怕埃尔瓦会步他们的后尘。南希的一生都过得不快乐，现在更加显示出精神病的迹象来。面对妻子日益恶化的健康状况，塞缪尔束手无策，于是便很少回家了。

在这样的环境中，埃尔瓦也不想逗留很长时间。他向他所知道的电报局发去了求职信，希望能找到新的工作。终于，他从他的老雇主那里找到了一份工作，拿着火车票向东进发，前去修理一条电报线路。这时是1868年1月，他到达蒙特利尔时，已经十分困窘了。电报员斯坦通是他在辛辛那提时就已经认识了的。斯坦通为他在一个破旧的、没有暖气的公寓里找了一个房间。那时埃尔瓦身上已经没有几个钱了。

埃尔瓦时来运转了,他的一封求职信有了回音。米尔特·亚当姆斯也是他在辛辛那提认识的一个朋友,他从波士顿给埃尔瓦发来电报,告诉他最大的电报公司——西方联众公司将在当地开设一家电报局。埃尔瓦在一年前就去过波士顿,对那里的情况还是很熟悉的。得知这条消息后,他立即动身前往马萨诸塞州的首府。

到达波士顿后,他立即到西方联众进行自荐,但是他的外表却给他带来了很大的麻烦。波士顿的电报员个个衣冠楚楚、谈吐优雅,而且非常傲慢。他们认为埃尔瓦就是一个乡下来的流浪汉。他们嘲笑埃尔瓦那不合身的衣服、中西部的口音和口中嚼着的烟草,这使得埃尔瓦在那里的工作开始得很不如意。

他们安排他去一条接收纽约新闻的线路上值班。当人们挤在他身边想看热闹时,他意识到有些不对劲了。纽约的发报员哈奇森是公司的快手之一,开始他发得还比较慢,后来他渐渐加快了速度,最后电报信号的声音简直是在疯狂地响着。

但是在那时,埃尔瓦的接收技能已经是炉火纯青了。当然,为了应对哈奇森,他还是略施了些小手段,走了些捷径。

他毫无困难地接收哈奇森的信号，甚至还停下来一两次去削铅笔。后来埃尔瓦觉得这个玩笑已经开够了，他发了一个电报给哈奇森："嗨，年轻人，可以歇歇了，换只脚发吧！"

他通过了考试。但是在开始几个星期中，他顽皮的天性和倔强的性格使他的上司和同事们头痛不已。他有很多办法接收信息，尤其是接收像哈奇森这样的快手的信息。其中一条捷径就是用极小的字进行记录，这样就不用花什么时间去拼每个单词了。但是这样的话，人们在读他的抄本时就得使用放大镜。他的上司对此表示不满。于是埃尔瓦就用很大的字进行抄录，每张纸就写几个词。此举顿时让他出了名。

埃尔瓦还是喜欢恶作剧。看到同事们的反应，他感到很有趣。一天晚上，他把电报机按键都固定住了。还有一次，他用一根电线将电池与水桶相连，每个取水喝的人都会被电击一下。一个电报员被埃尔瓦的恶作剧激怒了，他挥起一根巨大的玻璃绝缘棒向埃尔瓦扔去，差点打在了他的头上。

尽管与上司和同事们的关系非常紧张，但是埃尔瓦还是认为波士顿是最能激发他发明灵感的地方之一。波士顿是美国工业革命的发源地，聚集着各种有着奇思怪想的人，当时它是美国的发明中心。埃尔瓦常去光顾查尔斯·威廉姆斯爵士的考特街商店,这家店出售电报设备和其他电器。他在那里购买器材,与年轻的发明家们聊天。那些人租用商店的房间进行实验。

他继续在做实验,还买了一本二手的法拉第三卷本著作——《电的实验研究》。法拉第是一个英国人,他和埃尔瓦一样,出身于一个贫穷的家庭,没有接受过正式教育。但是他在电学中有一些非常重要的发现,其中最重要的是电析法则。该法则描述了电流通过某种物质时所产生的化学反应。还有就是电磁场效应法则,该法则描述了一股电流产生的磁场是怎样在一个相邻导体中产生第二道电流的。法拉第对实验简单明了的说明使埃尔瓦受益匪浅。在这个年轻的发明家眼里,法拉第是一个真正的英雄。

看到法拉第的成功,埃尔瓦对他的室友米尔特 · 亚当姆斯说:“现在我21岁,我一定能活到50岁。我可以像他那样获得成功吗?我还有很多事要做,而生命是如此短暂,我要抓紧时间了。”

引人入胜的发明

我始终不愿抛弃我的奋斗生活，我极端重视奋斗得来的经验，尤其是战胜困难后所得到的愉悦，一个人要先经过困难，然后踏进顺境，才觉得受用、舒适。

百折不挠的发明家

事实上,爱迪生绝对有成为一名发明家的天赋。在波士顿工作了3个月后,他就发明了一台双重电报机。这台电报机工作良好,给该领域的两位专家富兰克林·L.波普和詹姆斯·阿舍利留下了深刻的印象。1868年4月,纽约的一家贸易杂志《电报人》用很长篇幅刊登了一篇有关爱迪生电报机的报道。而波普和阿舍利就是这份杂志的创建人。

事实上,至少有两位发明家已经发明出了这种电报机,他们是莫西斯·法墨尔和约瑟夫·斯蒂尔斯。但是《电报人》上的文章和其他贸易报纸上的报道使爱迪生成为了该领域的一个小名人。很快,他就与包括米尔特·亚当姆斯在内的其他电报员一起成立了自己的工作室。他依然晚上在西方联众值班,白天做实验。

完善双重电报机仅仅是他众多项目中的一项。另一个项目就是改进证券报价机。证券报价机是一种电报设备,应用于金融领域的时间并不长。这种设备可以向股民和其他商界人士显示每分钟的黄金和股票价格的变化情况。所谓报价机就是这种设备的接收器是一种像轮子一样的设备，它将价格滚动显示在一张纸条上。爱迪生是在与一位纽约黄金价格服务公司雇员波普的接触中对证券报价机产生兴趣的。而他的老板塞缪尔·劳斯是率先在金融领域使用这种电报设备的人。波普本人也对该设备作了一些改进。到了19世纪60年代，劳斯的公司已经拥有了很多用户。

他们的成功激发了爱迪生的发明灵感。爱迪生加入到了波士顿的一些电报员的发明工作之中，共同制作了一台黄金报价机。他们很快就有了 些客户，其中包括基德、皮保蒂金融公司和D. N.斯吉林斯石油公司。

像其他许多人一样，爱迪生一直在业余时间使用公司的设备进行实验。当公司的新总裁威廉姆·奥顿勒令下属停止这种活动时，爱迪生决定离开公司。1869年1月，爱迪生辞去了在西方联众公司的工作。《电报人》中的一条通告是这样说的：“爱迪生辞去了在西方联众的工作，将把全部时间用来进行发明创造。”爱迪生对他的两个发明抱有极高的期望，那就是双重电报机和电子投票记录器。

在波普的帮助下，爱迪生得到了大西洋和太平洋电报公司的许可，可以使用其中一条线路对他的复制机进行测试。5月，他和波普试图通过一条连接纽约市和纽约州罗切斯特市的线路进行联系。在工作室中运行良好的双重电报机却在长途线路测试中运行失败了。爱迪生心情沮丧地返回了波士顿。

投票记录器也失败了——不是因为机器质量有问题，而是因为根本就没有人想要这种机器。爱迪生还是在作为一名电报员时就有了发明这种机器的灵感。在记录国会选举新闻时，他发现在记录选票时会浪费很多时间。每一位参议员或众议院的名字都要一一报出，然后人们要用笔记下每一次“是”或“否”的投票结果。对爱迪生而言，这是一种费时低效的工作，因此他根据电报机组装了一台可以自动计数的机器。有了这种计数器，立法者只需按下桌子上表明“是”或“否”的按键，这样总数就能立即显示在主席台的屏幕上。爱迪生先把机器拿给麻省的官员们欣赏，然而官员们不太感兴趣；尔后，又把它送到了华盛顿国会进行实地演习。爱迪生认为，这台装置能加快国会的工作，定会受到欢迎。然而，爱迪生刚刚对一个国会委员会演示他的机器，一位国会议员便打断他说，他们无意加快议程，有的时候慢慢地投票是出于政治上的需要。委员会主席更是作出直爽的判决：“年轻人，这恰是我们所不需要的东西。你的发明可能会破灭少数党影响立法的唯一希望……而且，既然现在占支配地位的多数党知道有朝一日他们也可能成为少数党，所以他们也和他们的反对党一样，不愿意改变。”

从那时起，爱迪生发誓他只会进行一些有当下市场需求的发明。稍后几年他认为发明投票记录器是他最大的教训之一。

双重电报机的失败使爱迪生负债累累，他发现波士顿没有人想买他的发明，他的黄金价格服务器也因为设备出了故障不能良好地运行。但是爱迪生绝对是个百折不挠的乐天派。他借来路费，决定到纽约市再试试运气。当时正是1869年的夏天。

当他坐船到达曼哈顿西岸的哈得逊港时已身无分文、饥肠辘辘。在拥挤的街道上，爱迪生说服了一位茶叶销售商给了他一包上好的样品茶，然后用它从餐馆里换了一些烤苹果布丁和咖啡。吃饱后他去找一位以前的熟人，希望能在那里待一晚。但是朋友不在家，爱迪生就在大街上度过了他在纽约的第一夜。

不久，他在位于华尔街区的一家名叫塞缪尔·劳斯的公司找到了富兰克林·波普。这家公司最近并不缺人，但波普同意让爱迪生睡在电机房，并借了一些钱给他让他暂渡难关。

在没有工作的日子里，爱迪生对劳斯公司的设备作了一次全面的检查，并熟悉了发送黄金价格信息的传送器的情况。这些知识很快就派上了用场。

一天，公司传送器停止了工作，波普又不在，整个金融区里的股民纷纷发来信息询问出了什么问题。当公司的年轻人堵住办公室入口的时候，场面一片混乱，充斥着怒骂声、尖叫声。老板劳斯惊慌不已，爱迪生却异常冷静。他对机器进行了检查，发现一根断了的弹簧阻碍了传送器里的滑动轮工作，他告诉劳斯他可以修好机器。

劳斯对他喊道："快修！快修！"不到两个小时，爱迪生修好了机器。然而，还存在一个问题：由于传送器停止了工作，所有接收器不得不靠人工重新启动，这使得整个股票室的股民变得狂怒起来。爱迪生对劳斯说他可以设计一种关机调和器，一旦传送器发生故障，可以将所有的接收器同时关闭，以此减少重启所有接收器的麻烦。劳斯对爱迪生的话很感兴趣，便与他进行了进一步的沟通，并在公司里给了爱迪生一个职位。

劳斯答应每月给爱迪生 225 美元，但是这样的承诺很快便消失得无影无踪。8 月底，劳斯决定从事全职法律事务，并把黄金价格服务器卖给了他的主要竞争对手——黄金股票电报公司。很明显，黄金股票电报公司购买劳斯公司的目的之一就是想要得到爱迪生刚发明出来的关机调和器！就这样，爱迪生的发明使自己丢掉了工作。

爱迪生从来不会因为一次挫折就长时间萎靡不振，他很快就与波普开始了合作。1869 年 10 月 1 日，他们开办了自己的公司，这个公司取名为电器工程师波普—爱迪生公司，公司的地点在百老汇 78 号和 80 号的股票交易大楼。它是美国第一个这类公司，主要承办私设电信线工程。爱迪生在《报务员》杂志刊登了公司成立的消息，消息中有一句话是：“在电报业务领域，本公司已遥遥领先。”这时，富兰克林·波普不到 30 岁，托马斯·埃尔瓦·爱迪生 22 岁。波普负责处理公司的商业事务，而爱迪生就是公司的“运作动力”。《电报人》的编辑阿舍利作为公司的一位默默无闻的合作伙伴，他确保公司能在杂志上刊登很多广告。

公司在纽约哈得逊河对岸的新泽西州的泽西市租了一间店面，爱迪生就在那里设计和改进电报设备。他和波普的父母合住在新泽西州伊丽莎白市附近的一幢房子里，每天上班前与波普一起吃早饭。

事实上，爱迪生回到了祖先生长的地方。新泽西州正是他的曾祖父约翰在 18 世纪初定居北美大陆的地方。在接下来的几年中,新泽西州将成为与托马斯·埃尔瓦·爱迪生发明生涯最有关联的地方。

爱迪生勤勤恳恳地工作。这时新公司已经有两件发明获得了专利,一个是金价印刷机,另一个是美国印刷机。这些发明利弗茨(Marshall Leffers)不久后也知道了。显然作为当时美国最大的电报公司之一——西方联众公司的老板,利弗茨极不情愿这样的事情发生。波普和爱迪生两人又在纽约设立了一所私人电报局,专供商家私人通信。后来又设立第二个,专向购买者和证券经纪人报告开盘金价。利弗茨决定抵御这种威胁,乘对方羽翼未丰将它收买过来。经过6个月的努力,他终于和波普—爱迪生公司协定,以1.5万美元的价格购得其发明。爱迪生由此挣到了5 000美元,这是因为他在此项资产中占有1/3的股权。爱迪生似乎从来没指望过能得到这么一大笔钱。

利弗茨此时不愿爱迪生脱离自己的控制。他怂恿爱迪生在纽约的一家工厂里研究改进金价指示器。这时,爱迪生开始认识到他的发明对西方联众公司是多么的重要,他的发明对凡称为"黄金"和"股票电报"公司的其他公司也同样重要。利弗茨为爱迪生的实验提供资金,并交给爱迪生特定的研究课题。爱迪生把他的一些发明送给了西方联众公司,该公司使用了他的一些发明。他最后制成了一架所谓“爱迪生普用印刷机”。

1870年的一天,爱迪生在利弗茨办公室给西方联众公司的一些工程师展示了这种新的发明。这种印刷机能自动地使各机整齐地运动,用时不必接触电键,只需把总机转动4下各机便能一致,简易而且实用。

利弗茨等非常看好这项发明。他说:“爱迪生,无论如何,请你把这种发明卖给我,我将按照你的希望,付给你发明的权利金。”利弗茨问爱迪生这项新发明值多少钱,爱迪生心想5 000美元足矣,即使给3 000美元也没有怨言。由于他不敢提出这样庞大的数目,于是谨慎地说:

“请经理先生说个价钱吧!”

“你觉得4万美元如何?”利弗茨试探地问。

爱迪生在后来的回忆录中这样说:“听到这个数目,我差点要昏厥过去。”“我担心他会听见我的心跳。我尽量抑制着自己的感情,表示这个价钱是公平的。”

利弗茨告诉爱迪生,要他两天以后来签合同,领取支票。爱迪生拿到4万美元的支票后,想存起来,但由于他从来没有去过银行,就先在外面等着,看别人进入银行时做些什么。他进入银行,把一张支票递给一个银行职员,但对方故意选了许多小额钞票给他。爱迪生把钱塞在周身的衣袋里,显得臃肿不堪。在乘船回到纽约后,他彻夜不眠,坐守在他的财富旁边。

1870 年,爱迪生用这笔钱在新泽西州纽约市的沃德街 10 号与 12 号建了一座工厂,专门制造各种电气机械。他的最大的客户是利弗茨,利弗茨订了 1 200 台“爱迪生式万能印刷机”。其他公司也相继送来订单。工厂开始只有职工 18 人,可是每个月都因工作需要增加人员,而且忙得需要两班日夜开工。上班时,爱迪生要亲自巡视,所以每天睡眠时间很少,一般不到 4 小时。工厂工作效率很高,每天能制造交易所行情电报传送机 45 台。

1871 年 4 月,来自家乡的一个坏消息打乱了爱迪生的工作安排,他的母亲病危了。爱迪生立刻赶回家去,母亲的头发已经全白了。因病而消瘦的母亲无力地睁开眼睛,对爱迪生说:“是埃尔瓦吗?”“妈妈,你一定要好起来,我的工作才开始呢!”他握住母亲的双手。

母亲低声叹息着说:“埃尔瓦,我不行了! 我会在天上看着你工作的。”

爱迪生泪如雨下,泣不成声。对爱迪生来说,母亲比谁都重要,可是,现在这位他最敬爱的母亲即将离开人世了!

“埃尔瓦,不要哭,你还年轻,以后也许会碰到更多痛苦或不愉快的事,可是你不能气馁,要有勇气,面对希望。”母亲好像教导小孩子似的,慈祥地鼓励他。

1871 年 4 月 9 日,爱迪生的母亲与世长辞了,享年 61 岁。

爱迪生将母亲埋在湖畔的小山上。他跪在母亲墓前大哭了一场,才踽踽地回到了纽约。

他觉得,只有努力工作,才是对母亲的最好回报。他暗自下定决心,不论白天、黑夜,春秋、冬夏,前进的脚步一刻都不能停留,困难再大,也要坚强挺过去!

四重电报机之争

1872年底，自动电报公司又将爱迪生招回旗下。这家面临着激烈竞争的公司想要挑战西方联众在电报业的主导地位，这就迫切需要爱迪生的技术来支持。爱迪生对公司的设备进行了一些重要的改进，使公司对他充满了信心。1873年，他甚至坐船来到英国，向英国邮政局推销他的技术产品。

同时，爱迪生继续为西方联众的下属公司黄金股票公司开发电传打字电报机。他向西方联众公司的总裁奥顿讲述了他对双重电报机的想法，西方联众公司已经拥有了约瑟夫·斯蒂尔斯双重电报机的所有权，这种机器与爱迪生在波士顿发明的机器样子差不多，可以同时在一条电线中向两个相反的方向发送两条消息。现在爱迪生告诉奥顿他可以发明一种机器，可以向同一个方向发送两条消息。

奥顿对这个主意很感兴趣，他允许爱迪生使用西方联众的资源设计和测试他的设备。一开始，爱迪生在自动电报公司的支持者们对这种安排并不介意。他们认为可以拥有爱迪生任何电报发明的所有权。然而当爱迪生越来越活跃，他们开始担心起来。

四重电报机可以同时向两个方向分别发送两条消息。这项发明非常重要，使电报容量在使用现有电线的情况下大大增加，因此谁拥有这项发明的所有权变成了一件非常重要的事。那时爱迪生债务缠身，他曾经寄希望于西方联众公司，甚至同意将其中一位官员乔治·普莱斯科特列为合作发明者。

1874年夏天，爱迪生成功发明了该机器。他与西方联众公司签订了合约，但是奥顿想以最便宜的价格购买他的发明，在价格问题上与爱迪生纠缠了好几个月。这使爱迪生非常愤怒，转而投向西方联众的对手的怀抱。

西方联众的对手就是简·古尔德。他通过种种途径在华尔街聚敛了巨额资金，是一位不择手段的金融家。古尔德想称雄电报和铁路业，作为这项宏伟计划的一部分，他准备收购自动电报公司。他已经拥有了大西洋和太平洋电报公司，在联合太平洋铁路公司中拥有大多数股份。如果能获得自动电报公司的线路和该公司所拥有的爱迪生的专利，将大大加强他的实力。如果他能得到四重电报机，将对他的对手——科尼利厄斯·范德比尔特所控制的西方联众公司构成巨大的威胁。

当古尔德与他的合作伙伴们商量着要购买自动电报公司时，他们也与爱迪生进行了联系。1874 年 12 月 20 日，爱迪生单独向古尔德展示了四重电报机。由于觉得受到了西方联众公司的不公正待遇，爱迪生打算与这个老谋深算的金融巨头做生意。

几天后，约西亚·瑞夫与古尔德进行谈判，表示愿意出售自动电报公司。瑞夫还向古尔德保证爱迪生与西方联众的关于四重电报机的合约是无效的。

1875 年 1 月 4 日，爱迪生来到了古尔德在纽约的豪宅，同意将四重电报机以 10 万美元的价格卖给他。他拿到了 2 万多美元的现金和价值 1 万美元的联合太平洋公司的债券，余下的部分将以大西洋和太平洋电报公司 3 000 股股份的形式补齐。

这些交易引发了一场复杂的法律官司。人们为谁拥有四重电报机的所有权而争论不休。当西方联众最终获得四重电报机的所有权后，古尔德以此为借口收回了对爱迪生和自动电报公司的承诺。他的确付给了哈林顿（美国财政部副部长，爱迪生电报项目主要投资人）10.6 万美元，但是别人却一直没有拿到卖出自动电报公司的钱。瑞夫、爱迪生和其他自动电报公司的投资者们向古尔德提出了法律诉讼，这场官司持续了好几年。

最后爱迪生还是从西方联众那里得到了四重电报机的报酬,但是他必须与普莱斯科特分这笔钱,最终的赢家还是古尔德。1881年,古尔德的商业扩张计划获得成功,他控制了西方联众公司。从此以后,一直到他去世那年为止的11年中,他一直是电报业中的风云人物。

尽管1875年有众多的官司缠身,爱迪生的发明激情依旧。除了在电报技术方面的各种创新,他还发明了一种电子打孔笔,用以复制文件。这种笔通过一节电池向笔内的一个微小电机提供电力,像针头一样的笔尖会有规律地跳动。人们可以像使用普通水笔那样使用这种笔,在蜡纸上写字。当然这种笔是不会留下墨水字迹的,而是在蜡纸上打下一些微小的孔,将蜡纸变成一种模板。墨水可以通过这样的模板被压制到普通纸张上去,从而制作出一份文件的多个复印本来。

与四重电报机相比,像电子笔这样的发明就显得微不足道了,但这说明爱迪生的兴趣广泛。多年以来,爱迪生可以在同一时间内做很多事情的能力一直为人们所津津乐道。当1875年就要过去时,他最关心的事就是重新找个地方进行他的发明。

电话的发明

随着1876年的临近，爱迪生越来越想离开纽约。在纽约生活开支太大，他和妻子玛丽甚至还没有自己的家。1873年2月，他们有了第一个孩子玛里恩。现在玛丽又有了身孕，他们需要一个比现在住的公寓更大一些的房子，爱迪生也想要一个远离都市喧嚣的工作室，不受干扰地进行发明。

爱迪生从他的一个雇员那里得知了一个叫“门洛公园”的地方。这是一个位于纽约南部12英里（约19 312米）的小村庄，非常安静。那里的房价很便宜，于是在1875年12月29日，爱迪生买下了一幢房子和一个小牧场。他们住的地方离通往新泽西市的铁路线不远，爱迪生可以随时到纽约去，很方便。

不久，在爱迪生的牧场上竖起了一幢长100英尺（30.48米）、宽30英尺（9.144米）的建筑物框架。门洛公园的老人们起先以为这是个谷仓，但是当这个两层楼的木质结构建筑物初具规模时，人们觉得它更像是一个会议厅。当各式各样的盒子被马车运到这里，然后又被搬进这幢房子里时，村里的人越来越糊涂了。

这是世界上第一间工业实验室。此时爱迪生已经解除了与姆雷在纽约的合作伙伴关系。他将所有的实验器材和发明活动都转到了门洛公园。在十多位助手的帮助下,他在这个地方进行的发明比在其他任何地方都要多。房子的一楼有一个图书馆、一间制图室和一间办公室;二楼是一个长长的大房间,里面是堆满了各种化学药剂、机器、电池和电器的木架、桌子。在这里能找到一个发明家所需要的任何一样东西。

但是实验室最吸引人的地方不是这些设备,而是帮助爱迪生做实验的那些人。在纽约时他就已经找到了一些愿意致力于科学创造的人,他们加入了他在门洛公园的实验室。在这些人中,查尔斯·巴彻勒和约翰·克鲁西也许是最具天分的了。巴彻勒是英国曼彻斯特人,他在英国的纺织厂对机械的复杂性有了一定的认识。他很有耐心,做事有条不紊,与爱迪生冲动的性格相辅相成。他是一位很有名气的工匠,是他将爱迪生粗糙的想法绘制成了详细的图表。同时,在瑞士出生的克鲁西善于制造,根据爱迪生的想法和巴彻勒的草图,他可以制作出工艺优良的机器和设备。

那时爱迪生还不到 30 岁,但是他的助手们都亲切地称他为“老人家”。他们像爱迪生一样，是一群工作刻苦的人。他们经常长时间地工作，态度十分认真，但是他们在工作时却能营造出一种轻松的气氛。在繁忙的工作之余，他们会讲故事或举行民谣歌唱大会。因为门洛公园没有都市中的那些娱乐活动，他们只好自己找乐子了。

不幸的是，玛丽·爱迪生还是只能一个人打发时间。如果说当初以为搬到门洛公园后她可以多些时间与她的丈夫在一起的话，那么现在她是彻底失望了。爱迪生偶尔会带妻子去纽约看戏剧，但是这样的机会很少。尽管实验室离家只有几百码（1码=0.914千米）的距离，但由于爱迪生还是那样专注于他的实验，常常一待就是好几天，因此仍然经常不回家。他通常会工作到深夜，觉得困了就和衣躺在一堆旧报纸上打个盹。尽管他很爱玛丽，但是他觉得待在实验室这个男人的世界里，要比和那个怀着他的孩子的女人在一起舒服得多。

那时他们已经有了两个孩子了——托马斯·小埃尔瓦也已经出生。爱迪生喜欢按照莫斯电码的信号把女儿玛里恩叫做“点点”，把她的弟弟叫做“线线”。他很喜欢他的孩子们，但是像那个年代的许多父亲一样，他将带孩子的责任全交给了孩子们的母亲。

在照顾孩子之余，玛丽将这个有5间卧室的房子按照奢华的维多利亚风格进行了装修。房子里到处是豪华的椅子、沙发和地毯。甚至在吃的方面她也越来越讲究起来：她从纽约一家商店里订购食品。而另一方面，她的丈夫也在花大钱为他的实验室增添一些设备。爱迪生夫妇的财政状况一直很不稳定。

现在爱迪生的大部分收入来自西方联众公司。尽管四重电报机的法律纠纷尚未得到解决，爱迪生与电报公司已于1875年达成了一项独立协议，开发声学电报机。当时的发现表明，音乐可以通过电在电线中进行传播。爱迪生则想知道电报信号是否也可以切分成不同的声音。如果可以，那么信息的传送量将远远高于四重电报机。

当时还有两位作为自由职业者的发明家也在解决通过电传递声音的问题。他们是芝加哥的爱丽莎·格雷和波士顿的亚历山大·格瑞姆·贝尔。1876年1月（当爱迪生准备迁往门洛公园时），格雷已经成功地用自己设计出的声学电报机通过一条长200英里（321.868 8千米）的电线发送了8条消息。尽管他和贝尔是各干各的，但是他们都取得了令人兴奋的成绩。贝尔在1876年2月14日完成了发明，正式向美国政府申请发明电话机的专利许可证。在同一天只慢两个小时的格雷也完成了发明，正式申请专利许可证。

这项发明就是电话。专利局优先授予了贝尔该项发明的专利。3 月 10 日，贝尔和他的助手托马斯 · A. 华生进行了科学史上一次最著名的实验。在贝尔波士顿的工作室里，他们用一根电线将房间里的一个话筒与另一个房间的接收器相连接。通过该设备，他们希望将声波转变为电流，然后在电线的另一端，电流又可以转变回声波的形式。

贝尔靠近话筒说道："华生，请到这儿来，我想见你。"守在接收器旁的华生可以听到这些话，虽然声音很微弱，但确实可以听出来。

电话的出现让人们激动不已。在接下来的几个月中，贝尔一直在继续他的研究。为了让公众广泛地采用这项发明，他开了好几次演示会，重复各种有关电话的说明和演示。尽管每一次的演讲会都挤满了人，但是大部分的听众都是因为好奇或是凑热闹而参加的，因此演讲会结束后，在归途中，就有人说："电话根本没有用。"

尽管如此，贝尔努力终于还是获得了成功，他所发明的电话终于开始被人们使用了。1877 年第一份用电话发出的新闻电讯稿被送到美国波士顿的《世界报》，它标志着电话已为公众采用。同年，贝尔还成立了贝尔电话公司。西方联众公司的威廉·奥顿董事长一听到贝尔公司成立的消息,心里感到不安,认为出现了一位劲敌,他想:"电话应该能够被改良,而经过改良后的电话一定比以前更完美。"他开始担心自己的电信事业将会受到贝尔公司的影响而渐渐衰退。因此,他到门洛公园向爱迪生问了一些问题:"爱迪生先生,我认为电话是一项具有发展性的事业,你认为呢?"

"奥顿先生,你的想法完全正确,尽管我认为它现在没有什么用处。"

于是,奥顿说:"爱迪生先生,你知道我的公司是属于电信事业方面的公司,一旦电话发达起来,我的电信公司立刻就会面临倒闭危机。贝尔最近成立了一家电话公司,他必然会将电话加以改良而发展成为电话事业。这也没有什么不对的,只是我认为,应该由我自己的公司来从事电话改良的工作。爱迪生先生,你是能够对电话加以研究改良的人,除了你之外,再也没有其他的人能够担当此大任,因此,无论如何请你务必要帮这个忙!"

奥顿董事长非常着急地对爱迪生说了一大段话,说完后,他默默地等着爱迪生的回答。

过了一会儿,爱迪生才开口说:"假如电话能够改良得更实用,那真是一件好事。抱有这种想法的人也并不是只有你一个，事实上我也有同感。你害怕贝尔公司快速发展，而请我改良电话，我可以答应你这个要求，但是有一点必须先声明，那就是我改良电话的用意和贝尔先生是没有任何关系的。制造一些世界上所有的人都深感需要的物品，是我多年来的愿望，所以我要照着我的愿望去改良电话。我很高兴为电话的改良而尽力。”

于是，爱迪生在门洛公园的研究所从事的一项大研究工作的成果就是发明了电话送话器。

爱迪生为了找到一种能够发出比贝尔电话声音更大的材料，他试验了50种左右的不同的传话器和许多不同的电话机。每一部电话送出的声音比以前发明的电话的声音都大而清晰，但没有一部电话机能使爱迪生感到满意。

一天晚上，当他在实验室做实验时，油灯不亮了。他发现一种被称为碳黑的黑色材料把灯的玻璃罩子熏黑了。爱迪生把碳黑涂在一个金属的轮状物上，把以这种物质制成的小盘装在电话里，产生了极佳的效果，它发音清晰，音量比使用电磁原理制造的电话大数倍。

爱迪生的电话终于完成了。他的“碳素送话机”就是现在世界各地所使用的电话机的原型，这种送话机比贝尔的更为优越。因此，有人评价说：“事实上爱迪生在现代电话的设计上，他所作的贡献甚至超过了贝尔。”也有人说：“虽然电话的发明无疑应归功于贝尔，但是没有爱迪生革命性的基础改良，它在世界范围内的应用就要缓慢得多。”

电话的发明人，到底是爱迪生还是贝尔？这个问题被反复提出来讨论，双方在法院争论了 11 年之久，最后法庭决定贝尔是发明人，而付之实用的则是爱迪生。随着电话的推广，它的结构和性能也不断地得到改善和提高，电话机的改进又推动了电话线路的建设和电话交换装置的发展。1884 年，在波士顿与纽约之间架设了第一条实用线路；1886 年，纽约和费城之间也架起了电话线。截至 1880 年，美国大约有 5 万人在自己家中或办公室安装了电话；到 1910 年，已安装 700 万台；到 1922 年，则为此数目的 3 倍。到 20 世纪 90 年代，出现了既可听到对方的声音，又可看到对方的形象的功能视听电话。

爱迪生的傻念头

爱迪生在电报机与电话的发明上取得了巨大成功，但是对另一个项目爱迪生寄予了极高希望，也投入了数百万美元，却遭到了彻底的失败。这个项目真可以称为“爱迪生的傻念头”，这个项目就是铁矿石的开采和提炼。

1880年，爱迪生在为电车的发明作准备的时候，曾经带几位助手到长岛一带进行实地调查。因为他听说这地方有很好的铁砂层。到了长岛，果真如此，数万米的海岸到处都是铁砂，他大吃一惊。他觉得“这么多的铁砂，弃置不管未免可惜！如果能够用磁力来分开砂和铁，可能得到几十万吨的铁呢”。

他把黑砂样品带回了实验室。在实验中发现，细微的黑色砂粒可以被吸附在磁铁上。在19世纪90年代初期，东海岸炼钢业的铁矿石供给已出现困难，如果用西部藏量较少但品质较高的铁矿石，就需要支付巨额运输费用；而在东部只能找到低品质的矿石，因而在使用之前也同样需要经过耗资甚巨的精选过程。爱迪生在了解到这点之后提出了一个简单的问题——为什么不能将粉碎的矿石通过磁铁把矿粉和杂质分开呢？其实，这种实验也曾经进行过，但每次实验都因为机械装置的问题而失败。于是，爱迪生觉得这正是需要解决的问题。

1880 年，他提出了一份磁铁检矿机专利。

1881 年，爱迪生在长岛的南岸建起了一座工厂。但没过多久，有一天，突然飓风来袭，几小时内矿石就被风吹得无影无踪，工厂因此被抛弃。然后，他又在罗德岛建起了第二座工厂，该厂生产了 1 000 吨精选矿，但仍达不到高品质的要求标准。爱迪生死了心，回到研究所。

由于工业各部门的发展，钢铁的需求量大大增加。当时纽约的尚普兰湖区的主要铁矿和宾夕法尼亚东部的矿地的生产量都不能满足工业发展对钢铁的需求。

爱迪生决定进行铁矿的经营。当然，在行动之前他做了大量调查研究，详细地搜集了有关资料。那时，他已制造出一种特别灵敏的磁针，如果地下有相当量的铁矿，磁针就会倾斜下来。有一天，他正走在一座山上，发现磁针倾斜得非常厉害，这就说明这座山底下一定藏有大量的磁性矿石。

于是，他派遣一群年轻的助手携带了那种磁针到各地去进行调查，结果在新泽西州北部塞克斯郡发现了一座很有希望的铁矿山。

爱迪生买下了这块无人居住的森林,建起一个新型的矿场。在这片面积达3 000英亩(约12.14平方千米)的地皮下,储存着2亿吨铁矿石;在另外一块1.6万英亩(约64.75平方千米)的地皮下,有10亿吨藏量的铁矿石。爱迪生乐观地说:“仅仅这些土地,就可以向包括出口在内的美国钢铁业提供足够使用70年的矿石。”他估计:“不出七八年,我就可以每年生产价值1 000万~1 200万美元的矿石,每年净赚300万美元。”

他在那里设了一个总厂,副经理是马洛利,约翰·兰道夫为秘书。

起初,工人们因为矿地的吃饭、住宿条件不完善,都不愿留下工作。爱迪生认为:“如果我们要把工人留在这里,那必须使它有吸引工人的地方。我们应该建造一些屋子,把自来水管和电灯装设起来,以低价租给他们。”

他立即设计了一所小屋的图样,50幢房屋在很短的时间里便建成了。于是他们便在纽约大大小小的报纸上登载广告,招收工人,并且描绘住所的舒适环境。不久便有六百五十多人前来应聘。他们在那里建成了一个新的城镇,取名“爱迪生镇”。

买进矿山的爱迪生，并没有采用其他矿山的选矿法，而采用大规模选矿的新方法。在设计与建造的过程中，他认为应该尽量取消手工劳动，粉碎巨石最初应由机器完成，并在其他各道工序中使用传送带。

爱迪生的选矿法，是在铁矿的腹部开一个大约70米的横洞，在洞里装置炸药，一次就可爆出35万吨的铁矿。他挑选了两组工人，每组5人，负责每天炸裂矿石。但如何将这些“巨无霸”粉碎呢？爱迪生设计的方法是：机器的心脏部位就是几只巨型压辊。压辊上带有凸凹齿，以每小时60英里（约96.56千米）的速度飞快旋转。这样，6吨重的大矿石送进压辊后立刻就被碎成人头般大小的石块，接着由传送带传到下一组继续粉碎。就这样，经几道碾压，矿石就变成了粉末，然后通过480块磁石进行选择。每经一道工序，矿粉就得到一次精选。

真是难以想象！这种碎石机只有在亲眼看到它的形状，听到它的响声后才能明白它的庞大。“站在这种机器的旁边，耳朵也许会被那雷击似的声响震聋。眼见那些巨大的石块被轧成小块，有的时候半吨多重的石块会被抛到空中，高20～25尺（约6.67～8.33米），在这样巨大的动作之前，看的人一定会被这种伟大的景象所震撼，而感到自己的渺小了。”

为了更有效地经营采矿业，爱迪生还建造了储存矿石的仓库，新泽西铁路的支线延长到爱迪生矿山下，终点站的名字就叫“爱迪生站”。

爱迪生还建了一座独立的矿粉加工厂，以每秒钟一块的速度生产矿粉砖。所有这些工作，爱迪生都是亲临现场指挥，有时甚至不顾个人安危。后来爱迪生回忆说：“有一次，正当我站在机器旁进行实验时，一只垫圈断了，弹簧把铁棒‘嗖’地弹到了天花板上，又从离我鼻子 1 英寸(25.4 厘米)的地方落在工作台上，穿透了 2 英寸(50.8 厘米)厚的木板。正像人们说的，‘差一时就丧了命’。”

爱迪生所采用的新的造矿法，不仅铁矿质量比原先生产的要好，而且比原来磁铁矿的售价低了许多。对于这些，钢铁公司看得很清楚。开始营业的第一天，钢铁公司就订了 1 万吨，以后也不断地有订货单过来。爱迪生的铁矿经营以 1889 年最好，每天所产矿砂可装 20 吨的货车 75 辆。为此，爱迪生很开心。他曾对马丁说：“这 5 年的生活，是我一生中最愉快的。在这里，我可以拼命地工作，不被任何琐事打扰。此地还有清新的空气和素淡的食物，一切都令我非常满意。大家在这儿学到了很多东西，总有一天我们会用它为人类造福。”

但是，到1890年，情况有了改变。从技术上说，他的粉矿厂是成功的。但是，在明尼苏达州的苏必利尔湖发现了更大的铁矿，铁矿不仅品位高、分布广，而且可以用成本较为低廉的露天采掘的方式开发。于是，铁矿石的价格立刻降了超过1/3，这样，爱迪生就不得不以每吨4美元的价格亏本出售矿砖。

51岁的爱迪生不但耗尽了全部家产，而且还背负了很多债。他对铁矿的投资，其中3/4是将自己的通用电气公司的股票出售而换得的。但正如爱迪生成功了并不骄傲一样，他失败了也不那么烦恼。所以当马洛利提起此事时，爱迪生却说：“算了，全过去了，可我们这笔钱花得真痛快。”他还说：“又学到了一门学问，而且对社会曾经有过贡献，没有什么好后悔的。至于债，用工作来偿还好了。”经营矿山事业的失败，几乎将他推入深渊。但是爱迪生毅然坚强地从深渊中爬起来，凭着一股热情勇往直前，再度地向发明挑战，迈向璀璨的发明旅程。正如马洛利所说：“在爱迪生的态度上是找不出特别的失望情绪的。他总是希望着将来，他总是考虑着如何解决目前的处境，如何利用我们花了极大代价换来的知识。”

为人类留下了声音、图像和光明

不下决心培养思考的人，便失去了生活中的最大乐趣。

最爱的孩子——留声机

1877年11月3日,《科学美国人》披露,罗莎培丽博士和马雷教授成功地录下了人的喉、唇和腭的运动。文章预言,将来可以借助电把这些运动记录发送到远方。当爱迪生忙于改进电话性能的同时,他也在想是否可以将人的声音通过电话进行传递,然后用某种方法录下来,由此变成一种可用的信息。就是在这些想法的基础上萌生了爱迪生的一项最伟大的发明:留声机。

电话的实验使爱迪生越来越多地了解了振动膜。这是一种很小很薄的金属片,或者是用其他材料制作的薄片,这种薄片在接收到声波时会有相应的振动。一天,他灵感忽现。他将一根针缚在振动膜上,将一张蜡纸放在针的下方。“我赶忙制作了一个粗略的工具,然后拉动针下的那张纸,同时大喊‘你好!’”爱迪生回忆道,“然后我又一次将纸条拉动,使纸上的标记带动另一个振动膜震动。我和我的朋友巴彻勒屏息聆听。”

他们听到了一个清晰的声音。爱迪生说:"真是难以想象,这就是我说出的'你好!'"实验远非到此为止,这促使爱迪生进行进一步的实验。

几个月来,爱迪生一直在寻找合适的录音材料,如蜡、石灰、锡箔。1877 年 12 月的一天清晨,爱迪生起得很早。他兴冲冲地走进办公室,掏出一张机械设计图,交给助手克鲁西,请他马上试制出来。克鲁西接过草图百思不解其用,便问:"先生,这是什么机械?"

"这是一台会说话的机器,请你赶快照图样做出来。"爱迪生把手一挥,急急忙忙地说。

这时卡门也在场,他和克鲁西一样,不太相信爱迪生的话,开玩笑地说愿意以一把雪茄作赌。克鲁西也兴奋地参加赌局,他情愿出两美元。爱迪生回答道:"我没有带钱,但我愿意和你们赌一桶苹果。"

克鲁西虽然不理解,但他还是很快跑到车间,照图样制作起来。等机器造好,已经是晚饭时间了。克鲁西三步并作两步地把它送到爱迪生那里。

爱迪生见机器和预想的完全一样,非常满意。这个时候工作人员都在实验室里集结起来,观察克鲁西工作的结果。工厂中大多数人持怀疑态度,就连爱迪生本人,对于是否能成功地造成这台机器也没有把握，他说："我不相信这机器一定会成功，不过希望能够给我们些好消息。"

爱迪生将一片薄薄的锡箔卷在滚筒上，把振膜的针调好位置，对准缠在螺线起点的锡箔上。然后摇起机器，开始向振膜讲话。他背诵着抒情诗"玛丽有只小羊羔，它的毛发白如雪……"大家静悄悄地站着。爱迪生从记录机振膜上把针退出，将滚筒转回原位，然后将另一振膜的针头对准锡箔。

他再次摇动手柄。就在这时，奇迹出现了，机器发出了微弱的，然而无疑是属于爱迪生的声音："玛丽有只小羊羔……"克鲁西惊叹道："我的天啊！"

爱迪生和他的助手们整夜都在工作，对留声机进行进一步改进，以使它可以更好地工作。他们唱歌、说话，每次机器都会原封不动地将他们的声音重现，这使他们惊叹不已。当他们确信机器的工作状态已经很稳定时，他们制作了第二台留声机。

12 月 7 日，爱迪生和巴彻勒来到纽约，拜访了《科学美国人》杂志的编辑小埃尔·佛雷德·比奇。爱迪生把机器放到他的办公桌上，转动曲柄。比奇简直不敢相信他的耳朵。后来比奇是这样对他的读者说的："这台机器问我的健康状况；问我们是否喜欢留声机；告诉我们它可以很好地工作；还彬彬有礼地向我们道了声‘晚安’。”

为了见识一下这台可以说话的机器，《科学美国人》杂志的工作人员都挤到了比奇的办公室里，比奇真担心地板会被挤塌。第二天的报纸上就刊登了一篇介绍爱迪生最新发明的报道。

爱迪生的名字很快就妇孺皆知了，他被称为“门洛公园的魔术师”。曾经沉寂的小村庄突然热闹起来了，每天都会涌入很多记者、好奇的探寻者和科学家。他们总是见爱迪生埋头工作着。他的两只手被灯炱煤油弄得污秽不堪，头发蓬乱着，衫衣上领子也没有了，鞋子上积满了红泥。有人问他问题时，他总是耐心、温和地回答。有时向那留声机唱着小儿歌，咳嗽着，高声大笑着，或者吹着口笛，表演给大家看。

1877 年 12 月 24 日，爱迪生在华盛顿提出专利申请，1878 年 2 月 19 日获得批准。

爱迪生乐不可支，下面这段话最能代表他当时的心情：“我已有了许多项发明，但只有这个才是我的亲生孩子，我急盼它快点成年，以便在我晚年尽点照顾赡养之责。”

今天，随着卡带录音和高密度磁盘录音的普及，留声机录音不再是稀奇的事了。但是爱迪生的发明对这个行业的影响依然存在，这就是这位天才发明家的魅力所在。

他让电影走出了实验室

就在爱迪生发现了留声机的娱乐潜力的同时，另一个将在娱乐界掀起一场革命的发明也渐渐浮出水面，那就是电影。我们完全有理由相信，爱迪生发明的留声机在当时是一项巨大的成功，这使他在世界上更加名声显赫。爱迪生对各方面的技术都感兴趣。他后来宣称，他的确下决心为眼睛做点什么，就像留声机为耳朵所做的一样。

爱迪生说："我偶然想到，我可以设计一种像留声机对于耳朵一样的对眼睛发生作用的机器，然后将两者结合，就可以把运动的画面和声音全部记录下来，并能同时再现。"

到19世纪80年代末，科学家们正奋力探讨这种可能性，而爱迪生事实上已在十多年前就作出了有关设想。威廉·比肖普1878年11月发表的《与爱迪生共同度过的一夜》一文就已说明爱迪生早有此种考虑。

长期以来，爱迪生对摄影一直有着浓厚的兴趣，他在西奥兰治实验室中就有一个摄影暗室。在最早访问这个实验室的人中有一个叫艾德·韦尔德·穆布里奇的英国人，他是一位专门研究活动着的人和动物的摄影师，是该领域的先驱。他有很多照相机，拍下了几千张连贯的照片，分别显示出马的奔跑、鸟的飞翔和从走动着到正在进行体育活动的人的各种动作。

穆布里奇曾将他的这些照片放到一个叫“回转画筒”的设备中。这是一种旋转设备，看上去就像一个小型旋转式传送带。人们只要旋转这个回转画筒，向侧面的观望孔中看去，就可以看到运动的过程。这种现象可以用视觉的持续性来解释，也就是说眼睛所看到的东西不会立即消失，而会在大脑中停留很短的一段时间。当图像连续在眼前很快地经过时，静止的图片就会连在一起，形成一个连续流畅的动作。

爱迪生对穆布里奇的这个设备很感兴趣。很快，他就开始考虑能否发明一种摄影设备，可以“像留声机为耳朵带来娱乐那样，为眼睛带来快乐”。在发明家的最初计划中，这两个发明是可以联系在一起的，也就是说，发明一种有声图画。爱迪生把这个项目交给了他的一个年轻助手 W. K. L. 狄金森。狄金森是安妮·劳莉的后代，是西奥兰治的正式摄影师。正像其他许多爱迪生的助手一样，他是爱迪生的崇拜者，他迁居美国的目的就是要加入爱迪生的阵营。有一段时间,他是制造巨型发电机的戈尔克街工厂的实验部主任。狄金森干事认真,具有严谨的工作作风,而且,他有良好的摄影技术。

在初期阶段,爱迪生实验室制作的电影器材与最终人们所使用的几乎完全不同。在1888年和1889年的第一批器材的实验中,狄金森想按照留声机的样子来制作活动图片照相机和观看设备。他用一个旋转柱体,或者说一个鼓形圆桶来拍摄和播放图片。最后的机器就是许多小型摄像机被以螺旋状的形式安装在柱体的周围,其原理就像爱迪生的旋转柱体留声机中的凹槽一样。

不幸的是,在这种设备中使用的图片太小了——直径不到1/16英寸(1.587 5毫米)——这就意味着人们必须通过显微镜来看这些图片。而且由于图片是放在一个曲面上的,图片的边缘部分就会在焦距之外,根本无法看清。爱迪生和狄金森很快就意识到这样的活动图片是没有任何商业价值的。

值得庆幸的是,一些制造商生产出了一种新的摄影材料,完全可以解决这一问题。这种材料和我们今天所使用的胶片非常相近,那就是一种长条形的涂有一层摄影感光乳剂的活动赛璐珞。1889年夏天,爱迪生在巴黎参加一个大型工业展览会时看到了这种胶片。一位法国生理学者马赫也在做与穆布里奇摄影活动研究相似的实验，他向爱迪生展示了一条锯齿边胶片，这些孔可以使一台特殊照相机中的链轮齿抓住胶片，同时拉动胶片通过快门。爱迪生说："我立即知道马赫的想法是正确的。"

爱迪生和狄金森开始定购这些锯齿边胶片，起先是在纽约罗彻斯特的依斯特曼公司，后来在波士顿的布莱尔公司订购。他们所使用的胶片宽 35 毫米，这与我们现在在商业电影中使用的胶片标准是一样的。

尽管爱迪生的活动电影摄影机非常原始，与现在的摄影机在外观上也很不一样，但是这台机器却为同类设备的运作原理奠定了基础。这个电影摄影机用一个发动机（或者是电的，或者是弹簧的）从折卷机中拉出胶片，使之通过镜头和快门，然后一起卷在拉起的一个卷轴上。每拍下一帧画面，一种特殊机器就会将胶片固定一会儿，然后再松开拍摄下一幅画面。这种摄影机的活动装置非常重要，如果缺乏这种装置，拍出的图像将会非常模糊。

活动电影投影机（后来取代了爱迪生称之为"活动电影摄影机"的观察孔机器）可以像照相机一样工作。它可以吞进和吐出胶片。发动机使用链轮齿拉着胶片——以同样的停顿和前进的方式——通过镜头和快门。但是投影机不是拍摄图片,而是放映图片。快门后面的一个高亮度电灯透过透明的胶片和镜头,将图像投放到屏幕上。由于在影院中,投影机总是放在距屏幕有一定距离的地方,观众们看到的图像总是非常大的。

1889 年末,狄金森和他的老板对活动图片摄影机的基本设计已经达成共识,他们将其称为活动电影摄影机,它的主要部件是锯齿边胶片。在一台电发动机的带动下,活动电影摄影机利用链轮齿拉动胶片通过镜头和快门,镜头聚焦在图像上,而快门快速打开和关闭,放出每帧图片,这样,摄影机就可以在每片胶片上拍下一个动作,连起来就成了一个连贯的动态画面。

为了放映这些活动图片,爱迪生发明了一种独立设备,他将之称为"活动电影放映机"。从外观上看来,它就像一个简单的柜子,顶部有一个观望孔,里面是一个装着电池的发动机,一排链轮齿,胶片就环绕在这些链轮齿上。开动活动电影放映机后,人们就可以通过观望孔观看活动电影图像了。就像投币留声机一样,这种设备主要是为娱乐场所设计的。

1893 年,一个看上去怪怪的、表面涂了一层黑焦油的木屋子矗立在了西奥兰治实验室和留声机厂之间的空地上。这幢被称为“黑色玛丽亚”的房子就是世界上第一个电影工作室。初期的影片大部分都是在“黑色玛丽亚”摄影棚内拍摄完成的，当然偶尔也有在外面拍的。用第一架摄像机拍摄时，胶片是水平移动的。这架摄像机并不成功。狄金森决定制作可使胶片垂直移动的摄像机。他成功了。经过改进，这架摄像机拍摄了美国第一部商业片《处决苏格兰玛丽女王》。片中有一个简单的特技：摄影机启动，表演开始，然后在一定的时间内演员按导演要求静止不动。这时，将扮演苏格兰玛丽女王的演员替换成一个假人。当表演继续进行时，假人的头被刽子手砍掉，然后刽子手拾起假头让观众看。这是第一部使用了特技摄影的影片。

就在这幢房子里，爱迪生的工作人员制作了许多短电影，内容从拳击赛到歌舞杂耍，无所不包。著名的拳手考尔倍特就曾被邀请到摄影机前来表演。对手是从纽约请来的一个黑人拳击手。比赛开始时，黑人拳击手发现与他交手的是曾击倒过拳击名手苏利万的那个鼎鼎有名的拳王时，恐惧得不敢和他交手。他全身发抖，勉强在台上绕了一周后，就一下子冲下台来，逃出摄影棚了。后来爱迪生设法又另外找到了一个拳击者，总算把影片拍摄成功了。

爱迪生很快又投入了银幕电影机的生产。他取名为“维太放映机”。1896 年 4 月 23 日，第一次用这种机器在纽约的科斯特-拜厄尔的音乐堂放映影片，受到公众极其热烈的欢迎。《纽约时报》描述了那次放映电影的情景：“昨天晚上，音乐厅的灯光全部熄灭后，从角楼里传出了一阵阵嘈杂的机器声音，一道异常耀眼的光柱射到了幕布上。紧接着，大家看到两个金发的妙龄演员，穿着花花绿绿的衣服，飞快地跳着雨伞舞。她们的动作是那样的清晰。当她们消失之后，出现了一片惊涛骇浪，向靠近石堤的沙滩冲击，观众大吃一惊……接着，有一个瘦长的滑稽演员和一个矮胖的家伙，表演了一场滑稽的拳击比赛。然后是寓言喜剧《门罗主义》和霍坦剧院的滑稽剧《乳白色的旗子》中的一个片断，重复了好多遍，最后以一个高大的金发女郎表演飞裙舞而结束。这些镜头都非常逼真，因而特别使人兴高采烈。”

这个新奇的发明引起人们普遍的惊叹。许多人甚至把这次演出当成奇迹。活生生的舞蹈令人们目瞪口呆，银幕上的惊涛骇浪使人感到害怕，杂耍节目又使人心旷神怡，飞裙舞的表演也令人觉得满意。爱迪生的助手迪克逊曾激动地说：“这是一个多么神奇的东西，是 19 世纪魔术的王冠和奇葩。”电影的出现，丰富了人们的文化生活，也促进了文学艺术的发展，无论在技术史或者文艺史上这一发明都是一件大事。从此，电影制造业就出现了各家公司你追我赶、不断推陈出新的局面。

19 世纪 90 年代中期，活动电影放映室曾风靡一时，但是当投影电影出现后很快便衰落了。1895 年，在遥远的法国，路易斯和奥古斯特·路迷赫兄弟俩发明了一种既可以做放映机又可以做摄影机的电影摄像机。不久以后，其他发明家同样也可以制造出放映机了。1896 年，一项被称为“爱迪生维太放映机”的项目在西奥兰治开始生产。虽然这种放映机以爱迪生的名字命名，但事实上它是由一位叫托马斯·阿马特的年轻发明家发明的。他与爱迪生就生产和营销权问题达成了协议。

电影业的竞争不仅来自于一些像拜奥格拉夫之类新兴的电影放映机公司，同样也来自如 W. K. L. 迪克森于 1895 年离开的大公司。在 20 世纪到来之际，新泽西州和纽约州形成了繁荣电影业的中心，放映其产品的影院如雨后春笋般在全国涌现。为了不落在对手后面，1905 年，爱迪生花了 10 万美金在纽约市的布隆克斯区新建了一个电影工作室。3 年后，电影专利公司的成立将爱迪生、拜奥格拉夫及其他 8 家公司联系在一起，对美国电影的生产、发行和放映操纵了近10年的时间。

在这些年中,电影的题材逐渐从单一的事物图片的展示发展到了叙事题材。最早出现的叙事电影之一就是1903年由爱迪生公司出品并由爱德温·S.波特执导的一部名为《火车大劫案》的电影。故事的背景设置在原始的西部地区(但影片在新泽西拍摄),描述了一伙非法歹徒的疯狂行径。该片的结尾是一名歹徒直接瞄准摄影机,扣动了手枪扳机——这令人心惊的一幕甚至使一些观众吓得从椅子上跌了下来。这部电影的长度大约为10分钟,它大大激起了观众对叙事性电影的兴趣。

随着电影热潮席卷全国,爱迪生的工作人员开始研究如何使声音与活动图片同步。但是这是一项极为复杂的工作,即使像爱迪生这样拥有先进装备的实验室的发明家也无法解决其中出现的问题。尽管1913年爱迪生在纽约的一家综艺剧院展示了一种称为“活动话筒”的早期的有声电影系统,但是这个设备太复杂,很难被广泛应用。不久,活动话筒就销声匿迹了。直到20世纪20年代末,有声电影才出现在美国的电影院中。

一盏点亮世界的灯

1878年4月1日，《记录纽约》报刊刊登了一篇报道，题为《爱迪生发明了一台可以喂养全人类的机器》。这是一个愚人节的玩笑，但是这说明爱迪生的“巫术”当时已经非常有名，许多人甚至认为他是无所不能的。其他报纸转载了这篇文章，还把它当成一件真事。

虽然全世界的人都认为爱迪生是无所不能的，这位发明家本人却不以为然。春天快过完时，他很累，虚弱不堪。半年前，自从他发明出了留声机，就一直在不断地向人们演示这台机器。尽管他喜欢被公众注意，但是过大的压力使他不得不做出让步。

爱迪生在7月份休息了一段时间——他早就应该休息一下了。宾夕法尼亚州大学的乔治·巴克教授曾安排爱迪生在国家科学院中展示留声机，现在巴克教授邀请这位发明家来参加落基山远足旅行。这次旅行的目的是观看将于月底发生的日全食景观。

爱迪生当时发明了一种他称之为“微压计”的设备，这是一种可以测出温度微小变化的温度计，精确度可达一华氏度的百万分之一。爱迪生打算在日食中对太阳温度的波动进行测量，以此来试验他的这个新设备。

尽管这些测试并没有什么结果（这个设备也从未有过什么实际用途），这次旅行还是使爱迪生感到十分愉快。在两个月的旅行中，爱迪生到了怀俄明州、内华达州、犹他州和加利福尼亚州。在旅途中，爱迪生在火车头前排障器的铁格子窗后站着，迷人的西部风景一览无余。旅行中还常有打猎、垂钓和野营闲谈的活动。8 月 26 日，爱迪生精力充沛地回到了门洛公园，准备重新开始工作。

那次旅行让爱迪生的发明创造力活跃起来。巴彻勒回忆到，他的老板回到了实验室，满脑子构思，像“利用瀑布发电和采矿等”，就是当时提出的。爱迪生还非常想去看看威廉姆·华莱士在康涅狄格市安索尼亚地区的黄铜和紫铜铸造厂。他从巴克教授那里得知华莱士的工厂里正使用着一种神奇的电照明系统。在纽约《太阳报》一位记者的陪同下，爱迪生和巴彻勒于 9 月 8 日来到了安索尼亚。

爱迪生所见到的东西给他留下了深刻的印象。像爱迪生一样，华莱士对电也很感兴趣，几年前，他就开始建造直流电发电机了。之后不久，华莱士将其中一台机器连到了工厂旁边一条溪流中的水动涡轮上，这使发电机所带来的电流要远远强于爱迪生所习惯使用的任何一种由电池化学反应产生的电流。这种设备的两个主要部件是一个电磁石和一个被称为“电枢”的电线卷。涡轮在磁石的磁场中带动电枢旋转，由此产生电流，电流沿着电路流向华莱士 15 英里（约 24.14 千米）外的工厂里。

在工厂里，电流点亮了那儿的弧光灯。那时弧光灯是唯一可用的电照明设备。事实上，在弧光灯中，强电流是在相隔很近的两个碳片或碳棒之间“跳跃”。这种灯光比几千根蜡烛的光还要亮。

《太阳报》的记者后来写道，华莱士的电照明系统“让爱迪生先生欣喜不已，他从机器那里跑到电灯前，又从电灯前跑到机器那儿……他计算着设备能提供的电力和灯所需要的电量，传送中可能会损失的电力，这种设备一天、一周、一个月和一年所能节约的煤，以及这种节约对制造业的意义”。

各种想法在爱迪生脑海中涌现出来。一想到可以使用电作为万能的能量来源，他就兴奋不已。同时，他相信他可以发明出一种比弧光灯更有用的电灯。

弧光灯对像华莱士的工厂这样大面积的地方很适用。欧洲一些地方也已经用弧光灯为街道照明了。但是爱迪生想发明一种可以在小面积的地方，例如在家或办公室里使用的电灯。这种灯的光线要比弧光灯刺眼的灯光柔和得多。

早在爱迪生之前，就有许多发明家想制造出这样的电灯了，但是他们都遭遇了失败。19 世纪初，英国科学家哈夫雷·大卫的实验表明：当电流在某种媒介中流动时，它们会遇热发光，甚至开始燃烧。但是想利用这条原理制作一盏可以亮起来的灯的发明家都失败了。他们发明出的灯常常只能亮几分钟，然后白炽材料都无一例外地熔化或烧掉了。

这是个令人困惑的问题，困扰了人们好几年。爱迪生也做了一些电灯实验，最近一次实验是在 1877 年秋天。因为留声机的工作需要他全力以赴，电灯的发明就被搁置一边了。

参观了华莱士的工厂后，爱迪生重新开始了电灯的实验，他想发明出真正的白炽灯。几天后，他相信一个重大的突破就在眼前。爱迪生为自己的实验室订购了一台华莱士工厂里使用的那种直流电发电机，并开始向专利局起草他的第一份电灯专利申请。

9 月中旬，爱迪生对他的想法充满信心，他通知了媒体。在接受纽约《太阳报》记者的采访时，他说他打算用华莱士的直流发电机为曼哈顿南部地区提供照明。这是一个宏伟的计划，不仅包括了发明电灯这件事，还包括要设计一整套电力分配系统。

那时，像纽约这样的大城市使用的是煤气灯照明系统。就是在此基础上，爱迪生制定了自己的电力系统。前者是利用地下管道将煤气输送到建筑物中，而爱迪生打算使用地下电缆送电。爱迪生对《太阳报》记者说，家庭和办公室中的现有煤气设备可以很容易地改制成电力装置，而且这位发明家预计，电能消费可以像煤气消费一样用仪表来测量，消费者据此付费。

爱迪生指出，这个系统的关键是并联电路。弧光灯通常是以串联的形式布线的，这就意味着如果一盏灯烧坏了，整个电路都会被切断。但是在并联电路中，从主线中分出的较短的分支线路独立为每盏灯提供电力，这样，开、关其中的一盏灯不会影响其他的灯。

爱迪生是乐观的，然而距离他所想要的结果还需要一段时间的努力，但是他在报纸上言过其实的话却在金融界引起了轰动。西方联众的官员和其他潜在投资者们被爱迪生的话所吸引，纽约的一些人甚至开始讨论成立一家公司来支持他的电灯实验。最终，爱迪生电灯公司于 11 月成立。

在谈判中，作为爱迪生代表的是一位在西方联众工作的纽约律师格罗夫纳·P.罗雷。随着爱迪生工作的进展，罗雷的责任就是让那些越来越紧张的投资者们不要太紧张，避免他们撤出投资。在这方面，罗雷干得很好，一旦资金用完，他就会吸引更多的投资者加入。在这些投资者中，最重要的就是银行合作伙伴安东尼·德瑞克·塞尔和小皮耶彭特·摩根。

自1878年9月起，门洛公园的研究所成了研究电灯的战场。爱迪生首先寻找适于制作灯丝的材料，并试图设计出最佳形状。他使用过的材料包括碳化纸、玉米芯和各种纤维，种类共达几十种之多，但均未成功。因为这些材料过于脆弱，并且研究所缺乏良好的真空技术。他不断地进行着实验。后来他又重新用"碳"进行试验。在实验进行的过程中，爱迪生顾不上吃饭、睡觉，甚至忘却了周围的一切。后来他回忆说："我对电灯的研究时间最久，实验最为艰苦，但从来没有灰心。"有人说："爱迪生常常工作到早晨三四点钟，拿二三册书当枕头，伏在案上睡一会儿，其他人也效仿他。"有一次，他的一个朋友来看他，见此情景，就开玩笑地说："怪不得你头脑里知识那么丰富，原来你是头枕着书，连睡觉时也往脑子里记书上的内容啊！"

一天，像往常一样，爱迪生留在实验室直到很晚，他心不在焉地把一块压缩的烟煤在手中搓卷着。他好像在想着什么似的，不知不觉地把手中的烟煤搓成一根细线。他突然想，这也许可以制造出比较好的电灯来。他把身边的一卷棉纱截下一小段，放在炉中熏了约一小时，再把它装在玻璃泡里，抽去空气，而后把电流接上。这脆弱的棉线立即发出耀目的亮光来。可棉线经受不住电池全部的电压，不久就烧断了。他把这断线放在显微镜下，发现经过碳化的棉线变得异常坚硬。他抛弃了用棉线的方法，试用木材的细条，接着又用稻草、砂纸、马尼拉麻绳、马鬃、钓鱼线、麻栗、硬橡皮、栓木、藤条、玉米纤维，甚至把人的胡须、头发用来当做灯丝。一天傍晚，爱迪生和助手们成功地把碳精丝装进了灯泡，并把灯泡里的空气抽到只剩下一个标准大气压的百万分之一，封上了口。接通电流后，他们日夜盼望的情景终于出现在眼前：灯泡发出了金色的亮光！这一天是 1879 年 10 月 21 日，后来就把这一天定为电灯发明日。连续用了 45 个小时以后，这盏电灯的灯丝才被烧断，这是人类第一盏有广泛实用价值的电灯。爱迪生宣布门洛公园将于 1880 年新年前夕用这种神奇的新光源来照明。从圣诞节到新年这一周时间里，人们成群结队地前往门洛公园，去观看爱迪生的奇迹般的“未来之光”。

这注定是一个非同寻常的晚会。在1879年最后一个寒冷、大雪纷飞的晚上，宾夕法尼亚铁路公司载了3 000人来到门洛公园。他们来自纽约和费城。纽约《先驱报》于1880年初对这一非凡的景象进行了报道：“由于访客络绎不绝，一个容纳二三十位技工工作的实验室已经停工一个星期了。这些参观者从四面八方赶来，使这个方圆数英里(1英里=1 609.344米)的小镇停满了形形色色的车辆，到处都是形形色色的人——这当中有男、有女，有农民、技工，也有各种体力劳动者和孩子——与此同时，火车上又走下银行家、掮客、资本家、观光者，以及急于要做生意的有关方面代理人。”

庆祝会按计划在天黑时开始，爱迪生让工作人员在从研究所到车站的路上都装上电灯。当火车到达这个冬日的黑暗的小镇时，爱迪生开动机器，40个白炽灯泡全部点亮。电灯像金色的花朵闪闪发光，把雪地照得通亮。

从火车上下来的人，一个个看得目瞪口呆。研究所庭院内发光的数百盏电灯使人们神魂颠倒，为之目眩，他们惊奇得都屏住了呼吸。使他们难忘的不仅是这些灯本身，更多的是这些灯竟能随时开关。这是他们从未见过的最神奇的东西，这里简直像另一个世界！他们都为历史上这一伟大发明赞叹不已！

人们忘记了寒冷,到深夜12点还久久不愿离去,到处听到有人高喊:“爱迪生万岁,爱迪生万岁!”

对于门洛公园戏剧性的展览,人们有各种各样的反应。爱迪生不断收到从各地发来的信、电报和礼物,人们称赞他是一个伟人。全世界各地的新闻记者都报道了这一盛况,并赞不绝口地说,爱迪生是自阿基米德后当之无愧的最伟大的科学家,并且非常可能是所有时代的最伟大的科学家。

在1879年门洛公园电灯展览之后,在爱迪生的众多研究项目之中,改进灯泡是主要的内容。爱迪生不断对灯泡的形状和灯丝的材料进行改进。1879年末,灯泡还是带有长颈的圆形,灯丝直伸到最里端,铂制的穿入线被封在里端的顶上,灯泡的顶点是尖的。又过了几个月,爱迪生通过加大灯泡的尺寸来提高白炽灯的亮度。后来,他又在灯丝连接处使用了一种德国玻璃,以使灯泡得到更好的密封。不久,他又放弃了这种做法,灯泡的形状也再次改变。

在整个19世纪80年代,爱迪生对白炽灯进行不断地改进。他认为,换灯泡无须找来电工专门作业。为解决这一问题,他反复进行实验。先是在灯泡下装配了木制插座,然后又将木制插座改为熟石膏插座。最后,爱迪生发明了一种螺帽,这样,换装灯泡就变得非常简单了。

为了提高灯泡的质量，延长灯泡的使用寿命，爱迪生想尽一切办法寻找适合制作灯丝的材料。1880 年 5 月初，在爱迪生的实验记事簿中，详细记载了他实验过的植物纤维材料共有约 6 000 种。虽然灯泡试制成功了，但他总觉得灯丝结构还不太令人满意，质地不够均匀，发出的亮光也不怎么理想。

一次，一个偶然的机会，爱迪生在实验室捡起一把蒲葵扇。爱迪生看了看，眼睛盯在它四周缠绕着的细细的一圈竹丝上。由于他一直在思考用哪种纤维有机物来做灯丝合理，看到竹丝，马上就把竹丝取下，交给助手立即做实验，没想到，效果空前好。爱迪生高兴极了，他决定，一定要寻找到世界上最好的竹子，充当电灯的灯丝。

爱迪生详细调查了有关竹子的资料，获悉全球有 1 200 种竹子，他准备把 1 200 种竹子全部拿来做实验。他的做法很彻底，从研究所的人员中选出 20 人组成调查队，准备了 10 万美元费用前往世界各地。

从世界各地采集来的竹子，大约有 6 000 种之多，结果以日本的竹子所制的碳丝最为优秀，可持续发光 1 000 多小时，达到了耐用的目的。直至 1908 年的 9 年间，日本竹一直是供应碳丝的主要原料。

爱迪生的进取心永无止境，他对竹丝做灯芯仍不是很满意，于是他又发明出一种化学纤维代替竹灯丝，进一步提高了电灯质量。再往后，实验工作重新转向耐热的金属方面，结果改用钨做灯丝。从此，电灯发光的效率比以前增加了3倍，使用范围也空前扩大，逐渐遍及全世界。爱迪生坚持不懈地研究，终于获得成功。爱迪生的白炽电灯光线充足、柔和、无声、无味，亦无害于人体健康。1880年1月3日，美国《哈泼尔》周刊刊载了一篇《白炽灯之印象》的报道："此事似难以置信……为最明洁且纯粹之光，如一团球状之阳光，毫无毒害人的任何气味或蒸气，不受气候或风雨的影响，无须引燃，也没有烟气，具有均匀稳定的光亮，一如晴天时的太阳光，但价格却又比油灯还要低。"爱迪生发明电灯的事实，使得曾咒骂过爱迪生的人改变了对他的看法，态度谦逊地向他道歉。有人在报上发表文章说："当1879年爱迪生先生发明白炽灯的消息传来时，一般科学家，特别是我自己，很怀疑这消息的真实性。那种马蹄形的纸质灯丝，看来是支持不住机械震动的，而且似乎也无法长期地保持发射白光。然而，爱迪生先生并不失望，他不顾别人的指责，坚持继续研究，终于获得了成功。这使我对他这种坚定不移的信念，不得不表示衷心的敬佩。"

另一个有声望的人物在一次科学团体会议上说："过去，我们对爱迪生先生曾经有过不少冷酷的指责，我本人也许称得上是最严厉的一个。现在我感到非常荣幸，能够利用这个宝贵的机会宣布我的心迹：我完全相信，爱迪生先生已经彻底解决了他所要解决的问题，并使他的任何敌手，除了甘拜下风以外，是不可能再有什么其他表示的了。"

电灯是19世纪末最著名的一项发明，也是爱迪生对人类最辉煌的贡献。人们对爱迪生作出高度的评价：希腊神话中说，普罗米修斯给人类偷来了天火，而爱迪生却把光明带给了人类。

组建照明系统

在那些来到门洛公园参加白炽灯新年展示的游人中，有一个人被眼前的景象深深震撼了，他就是亨利·维拉德。他是奥尔良铁路和航海公司总裁，也是爱迪生电灯公司的投资者之一。1880 年初，他的新船“哥伦比亚号”轮船正在纽约港中进行装修，他与爱迪生取得了联系，想在这条船上装配一个照明系统。

爱迪生考虑了一下这个建议，认为在“哥伦比亚号”上安装电灯是一种很好的宣传。他安排弗朗西斯厄普顿负责这个项目，项目于那年春天开始。4 台玛丽·安妮发电机和 150 盏电灯被安放到了船上。这个照明系统于 4 月 28 日接受了测试，5 月 9 日，船离开了纽约，驶往奥尔良的波特兰市。“哥伦比亚号”向南驶去，绕过南美洲，然后向北前行。每到一个港口，船上的照明系统就会让那里的人们为之欢呼和震惊。

电灯在“哥伦比亚号”上的成功安装使爱迪生非常高兴。这显示出了这种电灯的实用性。但是他觉得这只是一个小小的成功，他的主要目标是组建一个大规模的城市照明系统。于是，1880 年，实验室成了一个异乎寻常的地方。爱迪生的工作队伍也迅速扩大到了近 65 人的规模。爱迪生甚至还把实验室附近的一家旧工厂买了下来，改成了灯厂。

从一开始，人们就理所当然地认为第一个城市电照明系统应该安装在纽约市附近。为了在经济上更具可行性，爱迪生的研究表明，这个系统应该安装在一个使用率高的地方，纽约正好符合这些要求。选择这座城市的另外一个原因是爱迪生大部分的投资者都在这座城市里，而且纽约媒体给了他最大的帮助，使他的发明广为人知。

当然，在这座城市安装这样的一个系统还意味着爱迪生必须使市政府官员相信这个系统可以安全有效地工作。因为安装电照明系统首先必须在街道上挖沟铺设电缆，如果不说服市政官员，他们是不会允许城市遭到这样的破坏的。因此，12 月，爱迪生邀请纽约市议员委员会的成员来到门洛公园对系统进行检验。

爱迪生为这些议员和其他城市官员，以及爱迪生电灯公司的几位经理提供了精美的晚餐和品质优良的香槟酒。一份报纸对那晚的情景进行了报道："门洛公园的议员们……这些城市官员们济济一堂，觥筹交错，说着冠冕堂皇的话。"

发明家的“美食加美酒”战术对技术展示是一种很好的补充手段。现在这种系统已经能点亮400盏灯了，那些官员们在离开门洛公园时已经相信这种电照明系统可以像广告中展示的那样好。几个月后，市议员就授权爱迪生安装这个系统了。

12月的展示还吸引了一些很有名的人物。著名的法国女演员莎拉·博纳哈特抽出时间专程赶到美国来拜访爱迪生。即使是正在与爱迪生就四重电报机问题打着官司的古尔德（他很快就控制了西方联众公司），也来拜访了他。

当1881年就要来临的时候，爱迪生开始将他的活动转向了纽约。2月，他在第五大街的65号租了一幢房子，这里成了照明系统安装总部。来到这座装修华丽的房子里时，爱迪生不禁想到了他白手起家的经历。他对一名记者说：“现在我们在全世界都有名了。记得10年前，我刚从波士顿来到这里，第一个晚上我不得不在街上游荡，因为我甚至没有可以睡一张床铺的钱。但是现在，你们看看，我在第五大街有了一整幢房子！”

爱迪生回到纽约时电照明领域已经有了竞争，但是大部分的竞争者使用的是弧光灯照明系统。例如，布什公司在1880年12月在百老汇的14号和34号街之间就安装了弧光灯。这使百老汇有了一个别名:“银光大道”。但是还有一位竞争者希拉姆·马克西姆已经在商业安全存款公司安装白炽灯了。这是一家坐落在平衡大楼中的银行。爱迪生认为马克西姆的灯只是他发明的纸板灯丝电灯的翻版,事实也正是如此。但是这却使爱迪生更加坚信他应该尽可能快地推出他的照明系统。

早在两年前,爱迪生就夸下海口说要组建一种可以照亮整个曼哈顿南部的系统,但是他过于乐观了。他现在正在组建的系统相对来说规模太小了,只覆盖了曼哈顿南部东边的10个街区。这片地区东接东河,西连玛索街的中线,北面是斯普鲁斯街,南面则是华尔街。尽管第一区(第一个通电亮灯的地方)与发明家最初的设想并不相符,但是这仍是一个不错的开始,比他的竞争对手们做的要好得多了。

爱迪生开始把设备从门洛公园运往纽约。他们把实验室的机器拆开,在104号格洛克大街上成立了一个爱迪生机械公司,主要生产系统所需要的大功率新式发电机。该公司由克鲁西以前的助理查尔斯·迪安负责。

克鲁西本人则负责在65号华盛顿大街新成立的爱迪生电力管道公司。这个公司需要处理的也许是最麻烦的事:挖15英里(24 140.16米)的沟,铺设地下导体电缆。人们首先要将电缆装入铁管，将其放到壕沟的底部；然后将绝缘混合液体倒入管道，液体包在电缆周围，慢慢冷却硬化；最后再将壕沟填满铺平，街道重新开始通车。安装导体需要近15个月的时间，大部分的工作要在夜晚进行，以便最大程度地减少给在周围生活和工作的人带来的麻烦。

生产系统所需的各种器具，如装置器、灯座、开关和测量用电量的电表，由爱迪生向约翰·西格蒙德·伯格曼的工厂定购。伯格曼是一位出生在德国的工匠，专做电器。爱迪生以前就请他制造过电器，如留声机。现在爱迪生给他资金，以扩展经营范围，他的公司很快就成了爱迪生家族公司的一部分。

同时，在门洛公园，厄普顿开始掌管灯厂。巴彻勒要到大西洋的另一边去，为将在伦敦和巴黎举行的照明系统展示会作准备。尽管爱迪生最初是打算将灯厂建立在门洛公园的，但是他在年末时改变了主意，将灯厂搬到了更大的东内瓦克（现在的哈里森）。

代表美国历史上发明创造力空前活跃时期的门洛公园时代就要结束了。实验室（也就是测试中心）依然在进行一些实验，但是很快，曼哈顿的各个新工作室里都开始进行自己的实验了。爱迪生依然把他在新泽西州村庄里的这个房子当做自己的家，他们一家不是在佛罗里达观光，就是在纽约和新泽西的海滩边度假。

1881 年春天，第一区中央电站地址选定了。爱迪生在珍珠大街靠近该区中心的地方买了两幢相邻的房子，并开始按照他的需要进行装修。在 257 号楼里装有发电机、蒸汽机和汽锅，为了能承受住所有这些重型机器的重量，房子的结构必须用精铁加固。隔壁 255 号楼是办公室、储藏间、电站工作人员的卧室和测试设备。

爱迪生正在制造的这种发电机比玛丽·安妮发电机要大得多。爱迪生不仅打算在珍珠大街电站中使用这些发电机，而且打算把这种重 30 吨的“大怪物”送到巴黎电器展览会中展出。这种发电机的外形与以前的设计很不一样。这台发电机从夏天就开始准备制造，到秋天刚来临时才最终完工。经过最终测试后，机器很快被拆开，装箱运往法国。这台机器是以一个著名的马戏团大象“江泊”的名字命名的。这是迄今为止最大的发电机，也为爱迪生在巴黎赢得了荣誉。在展览会上，爱迪生系统的光芒远远盖住了他的竞争对手，其中包括几乎在同时发明白炽灯照明系统的马克西姆和一位叫约瑟夫·斯万的英国发明家。

第二台“江泊”比第一台还要大，很快就被送往伦敦，并作为一个成功样品被应用于照明系统范本中。这是爱迪生的助手们在伦敦金融区一条叫豪尔波恩的热闹的大街上安装的一个照明系统。这个系统比正在伦敦安装的照明系统规模要小很多,但是已经能让人感受到爱迪生系统的伟大了。在豪尔波恩到邮局总局这条几百米的路上,近一千多盏灯将街道、商店、饭店、旅馆和办公室照得通明。

爱迪生的电照明系统在1882年年初的伦敦水晶宫展览会上也引起了轰动。12台玛丽·安妮发电机为这个系统提供电力。这场展示取得了与巴黎展览会同样的成功,豪尔波恩电站也让英国人惊奇不已。爱迪生的发明已经成为全世界的焦点了。

就在伦敦展览会获得成功的同时,纽约的系统安装计划不得不被推迟两个月。这不是出于技术原因,而是家庭原因——玛丽·爱迪生生病了,爱迪生决定去看望妻子。自从1878年他们的第三个孩子威尔出生以来,玛丽的健康状况就不断恶化。丈夫的忽视使她感到忧郁,她拼命吃巧克力,体重急剧增加。1882年2月,爱迪生带玛丽来到佛罗里达州,这是她最喜欢的度假胜地。到了4月,她的健康有所好转,爱迪生就回到了纽约。

就在爱迪生急着要结束第一区的系统安装时,要求安装像亨利·维拉德·哥伦比亚船上那样的“独立系统”的呼声几乎要将他淹没。当时,组建大规模系统是他主要要考虑的事,因此他一一回绝了这些要求。但是压力越来越大,从1881年开始,他不得不为单个工厂、商店、公司和公共建筑物设计安装小型照明系统。到了1882年年中时,美国和欧洲已经有近百个独立发电厂投入使用了。购买这些工厂的人中有两个人最为有名,他们也是爱迪生最大的投资商,那就是威廉姆·H. 范德比尔特和J. P. 摩根。他们在曼哈顿自己的豪宅中安装了这样的系统。爱迪生的独立电厂在接下来的几年中依然很受人们的欢迎。

在1882年春夏之交时,第一区的许多部件终于都陆续完工了:安装地下电缆、在建筑物中布线、安装装置器和电表,以及为该系统提供电力的大型发电机都完工了。

但是就在最后一刻,系统还是不可避免地出现了一些问题。7月份时,爱迪生计划在珍珠大街电站对他的新“江泊”发电机进行测试。他将两个发电机连起来,用一对功率强大的蒸汽机发动,爱迪生后来说:“开始,一切运行得很正常。接着,我们打开了另一台发动机,让它们一起工作。然后,天啊!简直是天下大乱了!一台发动机停止了工作,另一台却飞速旋转起来,然后两台机器开始一起摇摆起来。”

整幢楼都晃动了起来。天花板开始落下碎片。一位当事人说,整个场面简直“可怕极了”。爱迪生抓住一个发动机的阀门,一个助手抓住了另一个发动机的阀门,就这样,他们关掉了机器。蒸汽机是罪魁祸首。后来爱迪生用了一种完全不同的蒸汽机解决了这个问题。但是当时实验的失败给他带来的尴尬使他在测试设备时变得更加低调起来。

9 月4 号,爱迪生准备开动珍珠大街发电站了。尽管第一区的线路尚未达到计划中的33 000 盏灯的容量,仍然有包括德雷克塞尔-摩根大楼和《纽约时报》办公室在内的25座大楼中的约800 盏灯即将被点亮。

下午3 点,爱迪生打开了开关。《纽约先驱论坛报》在描绘当时的情景时说:“这些灯光亮稳定,光芒明亮而柔和,照亮了每个角落。”尽管很多人对爱迪生的这项发明仍持怀疑态度,这份报纸还是说:“实验很可靠,那些发着光的马蹄铁简直干得好极了。”

而爱迪生本人只是说了这样一句话:“我言出必行。”

友情与爱情

爱情不会因为理智而变得淡漠，也不会因为雄心壮志而丧失殆尽。它是第二生命；它渗入灵魂，温暖着每一条血管，跳动在每一次脉搏之中。

幸福的家庭生活

爱迪生是世界上最伟大的发明家，他一生中取得了许多辉煌的成就，这些辉煌成就的取得与他两位妻子在背后的默默支持有很大的关系。

1871 年底，他认识了第一位妻子。她叫玛丽·斯蒂威尔，是一位 16 岁的美丽姑娘。有人说，爱迪生是通过他工作室的一位雇员认识她的。那时黄金股票公司作为西方联众公司的下属公司正在迅速扩大业务，爱迪生帮助玛丽在黄金股票公司找到了一份传送员的工作。爱迪生到纽约时经常会到黄金股票公司的办公室去看一看，所以有很多机会追求玛丽。但是他很害羞，不知道该如何接近她。通常他只是站在那里，静静地看着她。而玛丽在他的注视下则很紧张，试图集中注意力进行工作。最后，他终于鼓足了勇气，问她对他的感觉。

玛丽承认他吓坏了她。当她结结巴巴地答话时，爱迪生插话道："不要急着告诉我，这并不重要，除非你想现在就嫁给我。"玛丽很快对爱迪生产生了好感。玛丽住在离工作室不远的纽约，有时他们会一起坐船穿过哈得逊河。玛丽出身于一个中产阶级家庭，家里也有很多人，这与爱迪生家非常相像。毫无疑问，爱迪生作为一名发明家，名气越来越大，这也增加了他的吸引力。没过多久，爱迪生就带着她去参加音乐会，并给她买礼物了。由于两个人对工作、家庭都有共同的见解，渐渐地，他们互相爱恋了。爱迪生不顾玛丽父母让他们推迟一年再成婚的要求，于 1871 年的圣诞节与玛丽举行了婚礼。仪式一结束，在宾客正要闹洞房的时候，爱迪生羞怯地把脸贴近新娘，咬着耳朵悄声地央求说："亲爱的，我有点急事要到工厂里去一趟，一会儿就回来陪你吃晚饭，好吗？"

玛丽点点头，同意了。她想，在这种时刻，他是不会耽搁太久的。可没想到，爱迪生一去就像断了线的风筝，飘飘摇摇，杳无踪影。前来贺喜的人还以为爱迪生怕闹洞房躲起来了，就各自散了，新房只剩新娘一人。事后，有人责备爱迪生，圣诞节之夜，又是新婚之夜，却让新娘一个人孤独地守在新房里，多不好啊！

原来，就在婚礼进行之时，爱迪生的脑海里突然浮现出一个解决自动电报机的方案，这是他近来冥思苦想但一直未能解决的问题。他急于要去做实验，也就顾不得陪新娘和客人了。

爱迪生一进实验室，脱下礼服，就立刻全神贯注地干了起来。时间一分一秒地过去了，他像着了迷一样。夜幕降临了，他习惯性地点上灯继续干。

爱迪生的朋友、他的工人约瑟夫·默里(Joseph Murray)来到实验室，见爱迪生正在聚精会神地做实验，就大声喊道："好啊，先生，到处找你，原来你躲在这里，都快把新娘急坏了！"

"现在是什么时间?"爱迪生问道。

"已经是晚上12点啦！"默里回答。爱迪生一进实验室就埋头做自己的实验，以致把什么都抛到了脑后，忘了时间，也忘了今天是他大喜的日子，更忘了家里还有一位美丽的新娘在等着他呢！

爱迪生与玛丽真诚相爱，他对妻子的情爱甚笃，可他并未因此而放松自己的研究事业。尽管家庭生活对他很有吸引力，爱迪生却从未陷在里边。相反，家庭的建立结束了他事事都得自己动手的困难局面，使他可以将全部精力集中于发明工作当中。

1884年，爱迪生37岁。这一年对于爱迪生来说，是悲伤的一年。

爱迪生从1881年冬开始,在纽约居住的时间越来越长,相对在门洛公园的时间越来越短。他的妻小都住在纽约,老家门洛公园成了专供夏天避暑的地方。爱迪生全家在门洛公园度过了几个夏天。1884年夏天,玛丽患了伤寒(伤寒现在已经不算什么了,但在当时却是一种非常危险的疾病),起初爱迪生以为她只不过是受了点凉,吃几服药就会好的。因此,正在纽约奋战的他没有太在意。玛丽的妹妹爱丽丝和医生每天在她身边照顾着。

不久,玛丽的病情开始恶化,爱迪生急忙回家,有好几天没有去研究所。这在以前是很少有的事情,所以大家都很担心。1884年8月9日凌晨,玛丽去世了。在住宅中举行完丧仪后,棺柩就被运到了一个小车站,由火车送到她儿时的家乡纽约。玛丽去世的消息是8月16日发出的:"著名发明家爱迪生的夫人于本月9日星期六在新泽西门洛公园逝世。12日下午举行丧礼,到宾客400余人。大家心情都很沉重,纷纷送上鲜花。她被埋葬在纽约快乐山的墓地上。"

玛丽去世后给他遗下了3个年幼的孩子:11岁的多特,8岁的小埃尔瓦和6岁的威廉·莱斯。妻子的去世使爱迪生感到了前所未有的孤独和寂寞,然而他不得不继续工作。他不能因此而把工作停顿下来。他把他的住屋租给了威廉姆和霍尔泽，把孩子们送到纽约去，托给外祖母史蒂威尔代管。

那时的门洛公园能带给发明家的除了悲伤的回忆外别的什么也没有了，于是他把那些机件、药品、仪器等统统搬了出来，然后把门洛公园舍弃了。

几年之后，这所老屋因为受到雷击而焚毁了，宾夕法尼亚铁路旁的那所旧时的电灯厂也被烧毁了。

实验室楼上的那间大房间租出去用做跳舞的场地。休西后来把它作为他的管乐队的总部，并且在室后搭起了一个舞台。一楼曾一度充做牛棚。这所古老的建筑物渐渐地分散了，木料也被拆了去修建建筑周边的房屋，最后这所建筑也就倒塌了。

那所砖筑的机器厂的东头改成门洛公园的储藏室，另一头也曾一度充做牛棚。有一个名叫麦康纳尔的农夫住在那间玻璃小室里，并在草场上养了许多猪。后来，一家姓威尔考克斯的人家搬进以前的办公室来，并且在屋里养了好多鸡。

在 1884 年至 1885 年的那段岁月，爱迪生的生活是寂寞单调的。玛丽在世的时候，她对爱迪生没有太多的要求，她爱他，理解事业对他的重要性。爱迪生没有那么多的时间陪着她过家庭生活，尽管曾经有一段时间，她很不适应，但后来她理解了，在爱迪生的背后默默地支持着他。现在玛丽走了，一切都无从挽回。

为了消除寂寞，爱迪生常带多特到戏院去看戏，回家后总是要她把歌曲重新唱给他听。他很疼爱这个女儿，那时她才只有 12 岁，常替爱迪生购买雪茄，总是像对母亲一样敬爱他。

他最心爱的消遣是弹钢琴。尽管他的听力不好，但他还是热烈地爱好着音乐。他弹钢琴时，不管什么乐谱，只是凭着自己的感觉而弹奏。

他的一个友人曾这样形容他："看他在钢琴键上弹奏是一件非常有趣的事。他好像在电报键上用闪电般的速度发送着一个个快速的电文一样急速地弹着琴键。有时他只用两个食指来来回回地弹着一首曲子。他的手在键盘上移动得那么急速，有时就像一个魔鬼的手掌。"

每次他从戏院回来，不管时间有多晚，都会坐在那钢琴旁，重复弹奏着那些"迷人"的音乐。

熟悉的朋友曾这样说过："他弹的乐曲常是非常难听的，但是他的手法并不拙劣。如果他那神经质的急速的弹法能和成熟的乐谱知识配合起来，那他一定能够成为一个伟大的演奏家。他的弹奏仅仅是为了自己娱乐，他要借此把他在长时间的工作中绞紧的一颗心给释缓开来。”

爱迪生的孤独迫使他做以前从来没有做过的事情，如参加宴会、约会。大家都邀请出名的托马斯·爱迪生参加他们的宴会。但是，在玛丽去世之前他从未出席过任何宴会。

他以前总是喜欢穿着旧衣服、旧鞋子和机器打交道。现在，他买了豪华的新衣服、昂贵的且有些夹脚的新鞋装扮自己。他去看音乐表演和没有音乐的演出；他去参加家宴和船上宴会。他和总是喜欢玩、不工作的人在一起。如果不出去，他就走到房间里读他感兴趣的、难度较大的书籍。

为了抹掉内心的伤痛，爱迪生致力于研究。1885 年，他还利用发明“爱迪生实用灯泡”间隙，发明了利用电波通讯的“无线电”，可以和 4 千米以外的海上船只或行驶中的火车通话。一般人也许会认为无线电是意大利人马可尼发明的，其实，马可尼发明无线电，要迟于爱迪生 11 年，也就是在 1896 年。只是这些小发明的光辉被淹没在爱迪生的那些伟大的发明中了。

1884—1885 年，爱迪生常去吉利兰德家。1885 年 5 月的一天，爱迪生应邀前往吉利兰德家。那天，在吉利兰德家有位非常漂亮的年轻女孩，她叫米娜·米勒，是俄亥俄州亚克朗的路易斯·米勒的女儿。路易斯·米勒从事农具销售发了一笔财,又与约翰·文森特主教一起创办了旨在进行成人教育的协会。

米娜第一次见到爱迪生的时候,她只有 18 岁,而爱迪生已有 38 岁。虽然这位发明家比她年长了 20 岁,但是由于他性格单纯,两个人的心理年龄差别并不十分明显。她懂得发明家们喜欢什么,她并没有告诉他,他和他的发明是如何伟大。大多数人见了他除了发明还是发明,都不谈其他事情。而米娜不,她是一个有很高的天赋,气质高贵而又文雅的女子,有人形容她是“一个皮肤褐色而有黑发的美丽女子”。根据《亚克朗时报》报道,她“熟悉家务、艺术,做派端庄,性情善良,喜好教育工作”。爱迪生对她也是一见钟情。

自从那次见面之后,爱迪生打电话和发电报给米娜,告诉她:他爱她。爱迪生在日记中是这样记录他和米娜小姐的订婚的:“我用电报的莫斯码问她是否愿意嫁给我。她熟悉电报莫斯码,用电报信号发出‘是的’一词是容易的,果然她发出了这个词。我想如果叫她公开这么讲,她就会感到为难。这次我们进行了长时间的谈话,可谁都不知道我们具体在谈什么……如果用语言交谈,他们肯定能听懂。使用电码,虽然车里另外还坐着 3 个人,我们却可以毫不窘迫地互相使用昵称。”

1886年2月24日，他们在亚克朗米娜的家里举行婚礼。亚克朗的人们个个都喜气洋洋，兴奋非凡，米娜家的高大阔视的马车停在车站上准备着迎接远近各处到来的贺客。一条崭新的地毯从门口一直铺到那俯视全城的小丘上。婚礼在下午3点举行。婚礼的现场布置得金碧辉煌，墙上有金属的大钉做装饰，髹漆得很漂亮。墙壁上挂着许多风景画。婚礼的证婚人由第一监理公会的杨格博士担任。男傧相是纽约的托潘中尉。新娘由父亲扶出，父亲把女儿的手放到爱迪生手里，一对新人肩并肩地站在一个大理石的火炉前面，面对面把手一起放在《圣经》上起誓。新郎赠给新娘的礼物是一串嵌钻的珠项圈。贺客们也送来了许多金银珠宝作为礼物。大批的贺电从国内外发了过来。

散席后，新婚夫妇乘着一辆光亮的黑色马车，匆匆地赶到车站，往佛罗里达去了。

结婚后，爱迪生买下离纽约市60千米、新泽西州的西奥兰治郊区的格伦蒙特一座漂亮的房子，举家迁居那里。这个时候，他才重新像样地有了个温暖的家。

从那时起到这个举世闻名的“发明大王”去世前的50年间，种种发明都是在这里完成的。

这座新居有着维多利亚式的风格，是三层楼的三角形尖屋顶的建筑，占地共 13 英亩(约 52 609 平方米)。他不仅在这里建了公园、畜牧场和养禽场，还建了占地 1 英亩(约 4 046.86 平方米)的玻璃房，而且专门开辟了一个大型图书馆并运进了许多艺术珍品。

1887 年搬进新居的同时，爱迪生又在附近建造了比门洛公园更加完善的研究所，有人说:“它是当时世界上规模最大、设备最全的私人实验室。”新的研究所长 77 米、宽 8 米，是一幢长型三层楼建筑，另外还有 4 座长 30 米、宽 6 米的平房。中央平房是间很大的图书室，除拥有 6 万册图书外，过去50 年世界各国出版的科学杂志、报纸以及各大学所发表的研究论文，差不多已收集齐全。当然，所有的这些图书、杂志都是爱迪生认为有用、有价值的。并且就像在门洛公园一样，他尽其所能装备实验室。他在工作室和实验室里安装了当时最好的机器和设备，然后又买了一马车的器材——一些工具、化学药剂、矿物质样品，其他各种材料也每种都买回来了一些。就像爱迪生说的:“一个实验室中最重要的就是那堆乱七八糟的东西。”

爱迪生现在非常开心。因为他们全家可以在一起，住在一栋房子里，还有一个小女儿。爱迪生和米娜有着许多共同的兴趣，都喜欢读书，喜欢听音乐。爱迪生仍一如既往地专心工作，仍然以工作第一、生活第二为准则要求自己。几年后，米娜·米勒为他生下了两个儿子一个女儿——马德林、查尔斯和西奥多。

如果你问爱迪生最开心的事是什么，那他一定会说是每年的7月4日与家人的团聚。这一天一大早，爱迪生会把孩子们从被窝里轰起来，来到离格伦蒙特别墅不远处的绿草如茵的山坡上，然后燃放早已准备好的一串串的鞭炮。孩子们还没来得及穿上衣服，光着脚丫子就争先恐后地跑到山坡上。这时，爱迪生把鞭炮分成4份，他自己1份，3个孩子1人1份。往往是爱迪生抢先点燃爆竹，在“噼里啪啦”的清脆响声中，把鞭炮往孩子们的光脚上扔去。看着自己的孩子在草地上光脚躲闪鞭炮的可爱的模样，爱迪生总是开怀大笑，经常笑得腰都直不起来。爱迪生一口气放完属于自己的鞭炮，接下来，他就不得不在孩子们的逼迫下，脱掉鞋袜，也光着脚接受3个孩子同样的“待遇”，这个时候，笑声打破宁静的小山坡。爱迪生——这位人类历史上最伟大的发明家，光着脚丫子蹦蹦跳跳躲闪着孩子们扔过来的鞭炮。那一刻，爱迪生融化在天伦之乐中，这就是他最为开心的事情。

一生的挚友

爱迪生一生有很多好朋友，以与福特的感情最为深厚。尽管他们的年龄相差很大，却是忘年交。福特第一次遇见爱迪生是在1896年。当时，爱迪生在底特律有一家发电所。福特抵达底特律后，找到的第一份工作就是"火力发电所"的技术工职务。那一天，他来到火力发电所，求见经理先生，希望能让他在发电所有一份技术工作做。他先递上一份履历表，然后说："我对蒸汽引擎方面有一定了解且具有一些经验，我想请你让我在发电所里工作。"

负责人看着福特的履历表，一边听福特说话，一边点头，接着说："你有蒸汽引擎方面的知识，太好了。现在正好有一台机器发生故障，你先修理看看，录用的事稍后再谈吧！"

显而易见，这就是一项求职考试。福特马上动手修理机器，到下午6点，他就把蒸汽引擎修理好了。对此，发电所的所有人都感到十分惊讶，因为那台出故障的机器虽已经被修过好几次，但始终没有人能够修好它。于是他立刻被任命为技师，待遇是每个月40美元。

由于他出色的工作能力，在来到发电所的10个月后，他便被提升为发电所的所长，月薪高达100美元。

福特并不在意薪水的高低，一心钻研工作。下班后，他往往回家去研究汽油引擎的原理，他把辛苦研究出来的汽油引擎不厌其烦地加以试验，以求造出具有最优良品质的产品。福特对发电所的工作也做了各种的改良，特别是在提高工作效率方面，有了突破性的进展。例如，三班倒的工作制度使工作效率大大地提高了。

福特的敬业精神引起了爱迪生的关注，福特也日益得到爱迪生的信任。最后，福特担任了爱迪生公司的总工程师。福特也十分钦佩爱迪生坚持不懈的发明精神，他期望着有朝一日能和他心目中的偶像见上一面。1896年6月4日凌晨2点，福特满怀信心地将第一辆汽车的最后一颗螺丝拧上。但令人啼笑皆非的是，他们没日没夜造成的汽车却无法开出库房的小门。福特跑回家拿来一把劈柴斧，硬是劈出了一条通道。他们把汽车推出来的时候已经是凌晨4点了，天空正下着小雨。一个人骑着自行车在前边开路，福特亲自驾车，骑着自行车紧随其后的除了福特的其他两位伙伴，还有他的妻子克拉拉。试车达到了预想速度，他成功了。福特的大名从此传遍了底特律。

一个月后，跟随厂长到纽约参加公司年会的福特终于见到了他仰慕已久的发明家爱迪生。当爱迪生听说福特研制内燃引擎汽车并试车成功时，非常感兴趣。在向福特询问完有关汽车引擎方面的问题后，这位著名的发明家拉着他的手说："福特先生，你真伟大，真是辛苦你了！你的内燃引擎汽车就像自己扛着发电厂走一样！对研究的艰辛，我是相当了解的，但是为了造福社会，希望你能忍耐，并请继续研究。引擎是动力的来源，除了电力外，将来一定会使用汽油，你要好好地研究，千万别放弃这个实验，福特先生！"

当爱迪生如此恳切地对福特说话，福特感动得几乎掉下眼泪来。他心想：我一定要让汽油引擎成为伟大的发明。

从此以后，爱迪生就和福特成为了好朋友，两人来往得非常密切。尽管爱迪生比福特大 16 岁，但是他们有共同的研究兴趣，因此年龄的差异并不影响他们的友谊。

福特在 36 岁时辞去了爱迪生照明公司的所有职务，全身心投入汽车的研制之中。只要一有机会，爱迪生就会鼓励福特。后来，福特独立开设工厂的道路虽然相当艰辛，但由于有爱迪生的鼓励和支持，他终于勇敢地接受命运的挑战，从而不断地向成功的旅程迈进。

有次，亨利·福特和爱迪生等人一起到附近的路德·伯班克(Luther Burbank)的圣罗莎苗圃作访问旅行。路德·伯班克是著名的果树栽培学家。多年来,爱迪生都仰慕着这位和善的加利福尼亚植物学的魔术家。他们两个人的研究方法——一个在发明的世界中,另一个在植物世界中——是有许多共同点的。爱迪生曾说:"伯班克想研究一种植物时,先种了一亩地的那种植物,等它们抽芽长成后,他便仔细地从中捡出一枝来,再从这一枝上研究它的种子。这其实也就是我的研究方法。"福特想调查一下伯班克新培育出的家桃是否能长成形状大小都相似的果实,以便于机器的采摘。

他们来到伯班克的植物园。伯班克拿出一本签名簿来,请这两位显赫一时的贵宾签字。册子当中第一项是"姓名",第二项是"住址",第三项是"职业",第四项是"嗜好"。爱迪生用他那清秀的笔法在第四项中写道:"一切事物。"而后他把册子递给福特,微笑着说道:"你就照着我写的样子写吧。"

这次的访问旅游是一次未经计划的休假。爱迪生最喜欢这种玩耍,因为它含有一种顽皮孩子逃学的味道。爱迪生接受轮胎制造商哈维·费厄斯通(Harvey Firestone)的建议,放弃专列,同乘汽车。这样,3个人就可以同路去圣迭戈,参加那里即将举行的另一个"爱迪生日"。

这是一次非常愉快的旅行。在分手之前，爱迪生提议来年再抽空出来野营一次。大家对这一建议似乎兴趣不大。但爱迪生终于说服了他们两人，尤其是福特。但最终福特还是因为生意事务而没有践约。费厄斯通履行了承诺，第二年，他带着太太、小儿子、几名仆人和一位高级厨师一同乘着一辆载着冰箱、食品的卡车，开始了行程 1 000 英里（约 1 609 千米）的旅行。约翰·布鲁斯（John Burroughs）也参加了进来，起点是新泽西州，穿过阿迪龙代克斯山，几乎到达加拿大境内，然后扩向佛蒙特州。旅行设备则由爱迪生提供，最令爱迪生感到自豪的是，他的一只蓄电池不仅可供照亮露营地，还为 4 个帐篷的照明准备了充足的电力。

约翰·布鲁斯后来写道："能够看见爱迪生这样闲雅游荡真是件极有趣的事。中午时他在树下铺了一条毛毯，曲着身，和衣而睡。他睡得是那么香甜，简直像一个婴儿。在天还没有亮的时候，便起身跑到火盆边加上一些木柴。有时坐在池塘旁独自一个人洗漱。他时常批评我们饮食过度，摄入的热量过大，滔滔不绝地宣传他自己的节食主义，确实他每餐只吃一小块烘面包和一杯热牛奶。在一个寒冷的晚上，爱迪生发明了一个铺叠床毯的新方法。他把几条毛毯联结起来，自己一个翻身跳了进去，这就算上床睡觉了。"

爱迪生是他们一行人中无可非议的首领。在其后的几年里，他们这些人又多次出行，每次都是预先确定好露营地，计划好路线，制定出旅行规划。

爱迪生和亨利·福特之间的友情是人尽皆知的。1915年，亨利·福特组织了“和平之舟”前去欧洲游说，希望说服交战双方相互妥协。当时爱迪生与家人一同到码头为福特送行，在返身上岸时，福特对他说：“你必须留在船上，你必须留在船上。”福特说完露出了令人不解的微笑，但是又非常认真地喊道：“如果你肯留下来，我就给你100万美元。”福特的传记作者记录说：“爱迪生由于耳聋，没有听清福特的话。福特又重复了一遍，这位发明家只是笑着摇了摇头。然而他又向他的朋友保证，他会全心全意地支持他这次的和平行动。”

晚年生活

每一个人都会列出一张长长的清单，要求他的朋友应具备哪些美德与良好品格，但却很少有人愿意照着自己的清单去培养自己的品德。

海军顾问委员会委员长

1914年，第一次世界大战首先在欧洲爆发。6月28日，奥匈帝国皇储的车队经过萨拉热窝街头的时候，塞尔维亚秘密的民族主义组织的成员，开枪打死了皇储夫妇。它成了第一次世界大战的导火线。7月28日，奥匈帝国对塞尔维亚宣战。以后一周的时间内，德、俄、法、英相继投入战争。交战的一方为同盟国的德国和奥匈帝国，另一方为协约国的英国、法国和俄国。意大利考虑到方方面面的利害关系，加入协约国方面作战。

热爱和平的爱迪生不希望战争之火燃烧到美国本土上来，他随时准备着应国家之召去为扑灭战火做点工作。

爱迪生不希望美国发生战争，也不主张美国卷入欧洲战争。他相信，美国只要拥有合适的武装，就不用担心受到攻击。1915年5月，德国用鱼雷击沉了“露西塔妮娅号”客轮，1 198名旅客，其中包括100名美国人遇难。爱迪生依然坚信：“是否参加战争，目前美国会作最后的抉择。”爱迪生还讲："我们拿什么参战呢？我们没有军队，没有军火，我们是一伙没有组织的乱民。不要以为德国会把我们的介入放在眼里。"

爱迪生主张建立用于防卫的武装力量。实际上，自1910年以来，他一直就想将自己的新型蓄电池用于潜水艇。7月，4名年轻的潜艇军官参观了爱迪生的实验室，向他讲述了氯中毒是当时潜艇人员面临的最主要的危险。在其后两年里，爱迪生专门设计了一种可供水下应用的蓄电池。继而他发现了以氢氧化钾溶液取代硫酸的根除氯中毒的方法，又无意中将潜艇的航程从100海里(185.2千米)提高到150海里(277.8千米)。欧洲战争爆发后，有两只美国潜艇安装了这种爱迪生蓄电池。有次爱迪生来到布鲁克林海军基地参观实地演习，他的电池被人为上下翻滚着，借以模拟潜艇运动方式。爱迪生告诉实验人员说："你让它晃得更剧烈些，更倾斜一些，多撞它几下。你想怎么实验就怎么实验，我已经作了各种实验，你不可能难住它。"爱迪生还说，这种电池"即使潜艇坏了，它也不会坏"。

爱迪生在鱼雷方面也有发明。19世纪90年代初，他曾与人合作制成了"西姆斯-爱迪生鱼雷"，它甚至可以放在战舰前3千米远的地方用电遥控发射。

爱迪生还有其他许多应用于战争的发明设想。在1898年美西战争中，他第一次与美国海军部接触时就曾建议，可以在弹药里填充一种碳化钙和磷化钙的混合物。这种炮弹落在敌舰附近水域起爆后能持续燃烧数分钟，从5英里(8 046.72米)之外就可以清清楚楚地看到敌舰。

在莱特兄弟完成向基蒂霍克沙丘的飞行之前，爱迪生就预见到人工飞行器和电力将在未来战争中发挥作用。他说："鱼雷艇可派到战舰前方2英里(3 218.688米)远处，严密监视该区域的敌情，时刻准备击毁进入射程之内的敌人。此外，还可以使用飞行器，只要飞到敌舰上空，掷下100吨重的炸药，就足以消灭整个战舰。"

爱迪生后来在回忆录中讲："我的设想中还有一种炸药枪。尽管我本人是无意设计杀人武器的，但我知道如何制造它们。硝化甘油是一种非常危险的物质。放上一点用锤一敲，你就会被送进地狱。在磁力探矿的炸药实验过程中，我还发现碘化氮更危险。它的灵敏度更高，只消对着它一喊就可以引爆。放一点在桌上，你大叫一声，它就会爆炸。"

1915年，战争步步临近。美国是否应参战，这是人们普遍关心的问题。5月30日，爱迪生接受《纽约时报》记者的采访，他说："我不仅倡议建造无数潜艇……使它们处于临战状态，而且，要制造大批的港口护卫水雷和能在紧急情况下迅速布雷的船员。”

另外，爱迪生还建议，美国必须建立一所科研机构，而且这家科研机构由海军、陆军、政府三方共同控制。他说：“我认为，除上面谈到的这些，政府还应建立起处于陆军、海军和政府三方联合控制之下的巨大的科研实验所。利用这一研究机构，不断提高大炮的威力，挖掘新型炸药的制造工艺，不用耗费很多的钱，就可使陆军、海军的技术不断进步。如果我们这样做了，我们就能用它的研究成果，迅速造出最新、最有效的大批战争工具。”

爱迪生的建议立即得到了政府、海军方面的高度重视。7月7日，海军部部长约瑟夫斯·丹尼尔斯(Josephus Daniels)读了这篇报导，写信给爱迪生，说明海军方面最大的希望就是发挥美国人的聪明才智，制出能应付新型战争的机器和设备。为此，他打算建立一个发明与研究部门，在信中他写道：“我觉得如果有一个举世闻名的发明天才能随时地帮助我们解决许多重要的问题，那么我们相信我们的参战计划必将引起更多人的注意，而战争力量的后盾也一定会大大地增加。我们认为你是最合适的人，因为你最有能力把理想化为现实，你除了有独特的智慧以外，在你的指挥之下，还有着关于这种工作的世界上最优良的条件……我有很多的事情要向你请教,但是遗憾的是现在除了海军部对你的感谢以外,旁的一无所有。在我想到我们的祖国和你对于她的责任感时,我相信你是一定会首肯的。我谨在此向你致谢。”

爱迪生是否愿意做这个研制部门的首领?1915 年 7 月 13 日,爱迪生的总工程师兼个人代理奔赴华盛顿,声明爱迪生已应允,又分头写信给美国化学会、美国电工学院、美国土木工程师会、美国电化学会、美国航空学会、美国采矿工程学院、美国数学会、美国航空工程师会、美国采矿工程师会、美国发明人同业会等 11 个专门团体的会长,请他们每家推荐两人到海军顾问委员会工作,另邀请米勒·里斯·哈钦森(M. R. Hutchison)加入。1915 年 10 月 7 日,于华盛顿海军部召集第一次组成会议,定名为“美国海军顾问委员会”,爱迪生被推举为委员长,威廉·桑德斯(William Saunders)担任主席。

1917 年 1 月,在美国参战前的 3 个月,爱迪生受丹尼尔斯的邀请,研究美国参战后应作何计划,应借助何种新发明,等等。因此,他把自己的事务全部托付给了自己的副手和同事,并停止正在进行的其他实验工作,专心致力于海军防务,历时两年之久。

美国参战后，爱迪生打电话给普林斯顿大学校长希本，请他派4位物理学家来协助解决研究工作中遇到的难题。卡尔·康普顿(Karl Kampton)是被派来的人员之一，他写道：“刚见到爱迪生先生，还没来得及问好，他就拿出一支铅笔，给我描述海军顾问委员会交给他的任务——在不改变鱼雷航程和尺寸的情况下，通过改进鱼雷的推动装置，使鱼雷的药载量加大。接着，他非常简要地介绍了一下这种鱼雷的研制历史和应该具有的性能，最后，爱迪生告诉我，等找到答案再来见他。”

康普顿再次见到爱迪生时，他已找到了3种燃料。但爱迪生把这3种燃料全部推翻。“第一种燃料只能从德国获得，无法采用。第二种燃料已做过实验，因为有爆炸危险，只好放弃。第三种燃料含有木酒精，水手们会饮用，所以也不合适。”

康普顿最终还是找到了解决这个难题的方法，出色地完成了任务。

如何防范德国潜水艇的攻击？爱迪生特地邀请古立奇(Coolidge)博士来商量。古立奇博士也是一名科学家，正是他将爱迪生发明的电灯改良为钨钢白热丝电灯。爱迪生向来将他的能力估得很高。爱迪生和古立奇博士一致认为，防止潜水艇受到攻击的最好方法就是使用“水中听音机”。爱迪生将这个艰巨的任务交给了古立奇博士。

“古立奇先生，对于利用水中听音机事先知道6千米外来袭的敌人潜水艇的方法，以及如遇敌人鱼雷攻击，我方船只能迅即旋转90°的装置，希望你来想办法。”爱迪生说道。

“这很困难，不过我愿意试试。”古立奇回答。

古立奇博士果然不负众望，没多久便发明出能发现在附近3千米海域内潜水艇的“潜水艇探知器”。正因为有了这项设备，美国海运的损失大大减少。

爱迪生关于海战方面还有很多设想。比如在离美国东海岸50～100英里（约80.5～160.1千米）的海域设几十只浮标，每只浮标分由3人管理，浮标上的人员都被提供够4个星期食用的食物和淡水，让他们待在这里监视海域，如发现有潜艇活动，就立即用无线电报告。爱迪生还说，用无烟煤做燃料的话，可使轮船被敌艇发现的距离从40英里（约64.37千米）半径下降到20英里（约32.19千米）；如果再去掉桅杆和烟囱，或将这些突出物体伪装起来，被发现的半径就可以进一步下降到12英里（约19.31千米）。另外，爱迪生还针对舰船烟囱的毒烟设计了一种特制的面具，他亲自在一间充满了硫酸呛人气味的密室里试验面具的效果。他还设计了拦截鱼雷的网，发明了可以扩大舰队视野的潜望镜，甚至制定了保护泽布勒赫港的具体措施。泽布勒赫港是1918 年英国皇家海军袭击的目标。爱迪生曾想用装满炸药的无人驾驶的电动平底船，由陀螺仪舵控制来巡视海面。

爱迪生受命于丹尼尔斯以后，实验发明所取得成绩，曾向华盛顿当局报告者，共有 39 种之多，这些工作实际都是由爱迪生本人来完成的，或是在自己的实验室，或是在海军基地，或是由官方派海军人员协助。这些发明全都是防御性的武器，而非攻击性武器，从这里就可以看出爱迪生厌恶战争、热爱和平的大性。

第一次世界大战结束后，爱迪生是唯一获得海军部“特殊勋章”的平民。

1918 年 11 月，爱迪生辞去海军顾问委员会的职务，重返研究所工作。

这个时候，爱迪生 71 岁，依然精神矍铄。他自豪地说：“我的祖父、父亲都活到 90 岁以上，我到 90 岁，还有 20 年，从事于新的发明，有的是时间。”

永不褪色的光辉

1929 年 10 月 21 日是电灯诞生 50 周年纪念日。邮电部门特别发行印有最初碳丝电灯的纪念邮票，上面写着“爱迪生的第一盏灯”。亨利·福特将爱迪生位于门洛公园的工业研究所重新建在密歇根州迪尔本。那教堂式的长形实验室，华丽的办公室，低矮的砖屋机器厂，吹玻璃室，烧碳棚，树木以及带红色的黏土，一一都照搬了过去，每样东西都和当年门洛公园的情景一模一样。这些屋子布置整齐后，等待着那个 50 年前曾在此工作的主人故地重游。

当爱迪生走进那所复制的实验室时，心情异常激动。他的实验室就矗立在眼前，是那样的熟悉：周围白色的篱笆，与 50 年前在门洛公园实验室扎的那道篱笆一模一样，难以区分彼此；连铺在地面上的土，都是用数辆卡车从门洛公园远道拉来的。爱迪生看后叹道：“这些是新泽西可爱的黏土。”

爱迪生走进模型，来到复制的第二层实验室时，身后跟的是他的挚友福特和爱迪生当初在门洛公园的几位同事。

其中弗兰西斯·杰尔此前正在欧洲，福特的助手发现了他，便邀请他一同乘船渡过大西洋，请他在这次展览中充当一名角色。《底特律自由新闻》的记者写道：“当爱迪生走到一把椅子前坐下时，他身边的人都原地不动，离他十几英尺(1 英尺 =0.304 8 米)远。大家都保持着肃静，参观者们好像一致意识到了此情此景的庄严，意识到了他们面前这位 82 岁老人的回忆正如潮涌般一幕幕展现在眼前。他坐在那里一声不吭，双手交叉，显出一种无法描述的孤零零的样子。这是一种天才的孤独，他活得比同时代的人都要长，在这个世界上已经再没有同仁能与他分享此时此刻此地的境界、思想和感情。大约在 5 分钟，也可能在 10 分钟的时间里，这种情景没有受到任何动静或动作的干扰。只有爱迪生不时地四下张望，他的双眼噙满了泪水。后来，他清了清嗓子，才打破了‘实验室’的沉寂。”

福特在这次展出的细节上花费了巨大的心血。当他将用垃圾堆里拾到的碎片复原的爱迪生曾用过的老钵指给爱迪生看时，爱迪生表示整个建筑及其内部陈设准确到了 90%。福特听了心里颇不是味儿，就问什么地方不对。爱迪生回答说：“我们当时的地板从来没有这样干净过。”

21 日的上午，天气由晴转为阴暗，从华盛顿来的胡佛

(Herbert Hoover)总统和夫人的专车也在这时到达了。爱迪生和妻子前往迎接,他们一行乘坐19世纪的以木材为燃料的列车前去福特历史博物馆。在这短暂的旅途中,爱迪生重温了自己童年的生活。他拿了一只列车服务员的篮子,用微弱的嗓音向他的同行者吆喝着"糖果、报纸"。

总统搀扶着爱迪生下车后,他们访问了福特的历史博物馆。晚上,大家被安排进"实验室",观看已经准备好了的表演。当客人们在昏暗的灯光下走进"实验室"时,全美数百万听众早已守在收音机旁,静静地等待着收听现场播音员的实况解说,因为爱迪生将在这里举行一次他在半个世纪以前做的戏剧性的关于电灯实验的表演,只是模型比当年稍逊色。

弗兰西斯·杰尔预备好了真空泵。坐在泵旁的爱迪生命令道:"弗兰西斯,开始!"一会儿,随着泵的压力逐渐增大,爱迪生起身接通电源。电灯开始发光,并且越来越亮,直到亮如白昼。与此同时,附近的电灯"唰"地一下全部打开。同样,美国各个地方的数十座城市也为纪念爱迪生为人类所作出的功绩而让所有电灯大放光明。

在室中,长方形的餐桌一字形排列着。远远的一端是主席的座位,按常理,中间的荣誉座是留给总统夫妇坐的,可是总统夫妇却执意让爱迪生夫妇坐首席。宴会上，胡佛总统发表演说：“在我们的国家中，科学家和发明家算是最珍贵的，堪称无价之宝。他们以正直、创造力和虔诚的心逐步地把他们的科学思想转化为现实，供给每一个人来享用。他们的努力促使了我们的进步，这种伟大的贡献是无法估价的。爱迪生先生凭借着他天才的创造力，从平凡的开端跻入了世界伟大人物之列。他的经历给予了我们一种新的信心。我们完全有理由相信，我们这个时代的人物一定能支持着机会之门的敞开而让愿意进去的人走入的。人类的文明好像一个花园，它的优劣是以花朵的品质来决定的。在栽培时我们花了多少的精力使它肥沃，我们花了多少的力量去防御破坏力的侵袭，那么我们就能收获多少的花朵；而这些生命的芬芳馥郁，更激励我们去从事新的努力，给予我们新的力量，加强我们对未来的信念。”

对于一个向普通平民致敬的集会，从来没有比这一次更盛大的了。各式各样的人物——科学家、政治家、实业巨头、金融家、火车站站长、艺术家、大学校长、戏剧家——全都来拜访他，他们整日地在那历史的小村庄的各处观光着。夜晚来临的时候，大家走进一所和独立厅相似的屋子中，这是一间巨大的砖屋，中间的基石上留有爱迪生的亲笔签名。

前来参加宴会的有五百多名来宾，这些来宾大都是《世界名人辞典》中的人物。从大西洋彼岸来的有镭的发明者居里夫人(Madame Curie)，大慈善家罗森瓦德(Julius Rosenwald)，电机工程师亚历山大孙(E. F. Alexanderson)博士；从太平洋彼岸来的有日本高等工程师和官员的一个代表；此外还有影片工业巨头海斯(Will Hays)，航空术首倡者赖特(Orville Wright)，前任驻土耳其大使摩根韬(Henry Morgenthan)，银行家卡恩(Otto H. Kahn)，火车站站长威拉德(Daniel Willard)，芝加哥赫尔院的亚当斯(Jane Addams)小姐，纽约《泰晤士报》出版人奥克斯(Adolph S. Ochs)，幽默大师惠尔罗吉斯(Will Rogers)，钢铁制造家许瓦勃(Charles Schwab)，前任驻德大使格拉德(James W. Gerard)，通用电气公司经理斯沃普(Gerard Swope)和美国总工会主席格林(William C. Green)等人。这天晚上，英国皇储和德国总统冯·兴登堡(Von Hindenburg)都发来了贺电。电话也从德国传来了阿尔伯特·爱因斯坦的表达祝愿的声音。同时，来电祝贺的还有探险队长理查德·伯德(Richard E. Byrd)，他当时正坐在美国于南极基地的冰天雪地里。

爱迪生在宴会上简短地讲了几句，讲话结束时他向亨利·福特致谢。爱迪生说："我只能用一句含义最简单而又最完全、最恰当的话告诉大家——他是我的朋友。祝各位晚安!”这位发明大王,也许是兴奋,也许是疲倦抑或是兼而有之,突然脸色骤变,人们马上召来胡佛总统的医生为他注射强心剂。大家把爱迪生扶到隔壁房间,休息了好一阵他才渐渐好转。

迪尔本之行过后,爱迪生的身体每况愈下。他去工厂的次数越来越少了,工作时间也比以前缩短了。他干活的地方已不是原来的实验室,而是在格伦蒙特的一间房子里。他每天下午驱车出行的路程也大不如从前长了,对工厂事务的控制权也渐渐转让给了自己的助手。

1931 年 6 月,美国处于经济大萧条时期。当爱迪生获悉大西洋城正在举行一次电灯会议时,便发去了一份热情洋溢的电报。他在电报中向电灯会的代表们说道:“我想对你们说的是要再勇敢些。在我度过的漫长的岁月里,见到了历史在不断重演——工商业的多次萧条。但每次萧条过后,美国都变得更加强大,更加繁荣。你们一定要向自己的父辈那样勇敢:坚定信念,勇往直前。”

这大概是爱迪生最后一次拍发的电文了。7 月,他到达加利福尼亚州的橡胶栽培试验场。过去栽培的这种橡胶植物,只有 1 米高,采胶量也很少。但经研究改进,它已经能够长到3米高。“再过5年,美国所需的橡胶就不必从外国进口了。”爱迪生对在试验场工作的同事们这样说。

8月1日,爱迪生病情加重,经医生诊断,他得了布莱特症、尿毒症和糖尿病等多种病。据估计他支持不了几天了,医生为了照顾公众的情绪却宣布:“可以把爱迪生先生比成一只驶入狭窄水道的船只,他可能会触到礁石但也可能会安全渡过。”可是这项声明并未使全国人民放心。令人惊奇的是,不久爱迪生的危险便过去了,公告也无须天天发布了。又过了些日子,他每日下午驱车遛弯的习惯又重新恢复起来。

9月初,爱迪生的病情再一次进入危险期,但他再次渡过了难关。当他向大夫询问所开的药物将起什么作用时,仅仅是为自己没有迅速痊愈感到失望。10月4日,医生断定他的病无法挽回了。每天都有世界各地的人来探望他;教皇发来两封电报询问他身体的健康状况;胡佛总统要求每天把爱迪生的病情通过电话告诉他;大批的慰问信和电报不断地送进来。迈尔斯堡的商会更是决定将10月4日星期日作为祈祷爱迪生康复日。

9天过去了,爱迪生没有进食,除了一些流质。在120个小时中,他只饮过6小匙的梨汁。爱迪生陷入了昏迷状态。

在此之前，他曾透过自己寝室的窗子向山谷望去，那里是本世纪初他与孩子们嬉戏玩耍的地方。当时他微笑着说："那里真美啊！"在此之前他还会见了费厄斯通，他带着胜利的笑容向费厄斯通示意放在屋里的4只用菊科植物提炼的橡胶制成的轮胎样品。

1931年10月18日，星期日的凌晨3:24，发明大王爱迪生走完了84年的伟大的人生旅程。

临终时他说："我为人类的幸福，已经尽了我最大的努力，没有什么好遗憾的了！"

10月21日傍晚，这位发明大王的遗体被埋葬在靠近他在西奥兰治克雷的家的大橡树下。

消息传来，人们陷入了极度的悲哀当中。唁电像雪片般从美国各地、从世界其他各国飞来，与此同时，爱迪生的家属和美国白宫也收到了数以千万计的有关怎样纪念爱迪生的各种建议。曾经不止一次称颂爱迪生的德国传记作家埃米尔·路德维格主张：纪念活动开始后，全世界的电灯都象征性地关闭一分钟。也有的人主张由胡佛总统下令，纪念活动开始后，将美国全境的电源切断一分钟。显然这种设想不切实际，后又有人建议，不切断电源，除关键的电灯以外，其他所有的电灯都在自愿的情况下关闭。

纪念活动开始后,全美各地熄灭电灯一分钟,以示哀悼。

在这一分钟之内,芝加哥、加利福尼亚、丹佛、纽约,整个密西西比河一片黑暗;纽约百老汇一片黑暗。接着,从东海岸到西海岸,从城市到乡村,灯火通明,亮如白昼,世界一片光明。

人们纷纷为爱迪生献上追悼和赞辞,其中以胡佛总统的话最令人感动。他说:“我们要铭记,所有的美国人都是爱迪生的受惠者!我们不仅在生活上接受他的恩惠和利益,更重要的是我们继承了他的精神遗产!爱迪生从报童、电信报务员干起,最后,他却以人类的指导者结束其辉煌的一生。在民主制度下,爱迪生就是用他的一生来作为这个恒真的信念的楷模!爱迪生个人的信念,就是我们后代取之不竭、用之不尽的精神宝藏!他为人谦虚,待人亲切,做事贯彻始终,坚持不懈。爱迪生教导我们:只要不懈地努力,必可达到目的。这就是他赐给我们的最宝贵的遗产!”